Stille · Spielzeugtiere

Spielzeug-Tiere

Auch eine Kulturgeschichte

Text: Eva Stille
Fotos und Gestaltung: Severin Stille

Verlag Hans Carl Nürnberg

Einbandvorderseite:

Arche Noah, um 1860
mit 6 von ursprünglich 8 Menschen und über
100 (von ursprünglich noch mehr) Tieren;
»Reifentiere«, sorgfältig beschnitzt und bemalt.
Arche: Holz, bemalt; seitlich zum Aufschie-
ben; 38 cm hoch.
Seiffen / Erzgebirge

Einbandrückseite:

Ochse auf Rädern, 1913
Eisenräder, Stimme mit Zugseil, Mohair-
Plüsch, zusammengesetzt aus rostbraunen
und weißen Stücken, mit Holzwolle ge-
stopft, Hörner und Hufe aus Leder,
Schuhknopfaugen; 30 cm hoch,
Margarete Steiff, Giengen a. d. Brenz

CIP-Titelaufnahme
der Deutschen Bibliothek

Spielzeug-Tiere: auch eine Kultur-
geschichte / Text: Eva Stille,
Fotos u. Gestaltung: Severin Stille. —
Nürnberg : Carl, 1989
ISBN 3-418-00344-3 kart.
ISBN 3-418-00342-7 Pp.
NE: Stille, Eva (Mitverf.);
Stille, Severin (Ill.)

Foto und Layout: Severin Stille
Umschlaggestaltung: Severin Stille
Reproduktion: Franken-Repro, Nürnberg
Druck: Heinz Neubert, Bayreuth

Vorwort

Spielzeug-Tiere waren im Leben der Kinder genau so wichtig wie Puppen. Trotzdem hat man sich bislang weniger für sie interessiert. Nur das Plüschtier, besonders der Teddybär, hat Beachtung gefunden: Bücher für Sammler informieren über Hersteller, Produktion, Alter und Seltenheit.

Diese Themen sind auch hier ausführlich behandelt. Es ging mir aber vor allem darum, die überraschende Vielfalt der Spielzeug-Tiere zu zeigen, heimische und exotische Tiere in allen ihren Varianten, selbstgemachte und von Künstlern entworfene, naturwissenschaftlich interessante Spieltiere für die Größeren und bewegliche für die Kleinen. Außer den Tieren zum Liebhaben wird der Tiere aus der Scherzartikel-Kiste gedacht. Ein weiteres Kapitel beschäftigt sich mit Tieren, die nur bedingt Tiere sind, mit den Fabelwesen der Vergangenheit und den Monstern, die heute die Kinderzimmer bevölkern.

Am meisten lag mir daran, kulturgeschichtliche Zusammenhänge aufzuspüren: Theorien der Pädagogen und Künstler wirkten sich auf die Spielzeugproduktion aus. Auch Kriege blieben nicht ohne Einfluß, und nicht zuletzt haben strukturelle Veränderungen unserer Umwelt in Land und Stadt das Spielzeug-Tier und seine Bedeutung für Kinder gewandelt. In begrenztem Umfang kann das Spielzeug-Tier ein Indikator für die Beziehung des Menschen zum Tier sein. Da im kleinen nur das produziert wird, was es im großen gibt, kamen Spielzeug-Elefanten oder -Giraffen zum Beispiel erst auf, als lebende exotische Tiere populär wurden. Das Pferdchen konnte entsprechend für Generationen kleiner Buben nur so lang das wichtigste Spielzeug sein, als das Pferd im Leben der Erwachsenen eine Rolle spielte.

Zugunsten der kulturgeschichtlichen Zusammenhänge erschien mir die regionale Beschränkung auf den deutschsprachigen Raum (unter Berücksichtigung von Importen aus dem übrigen Europa und aus Amerika) ebenso notwendig wie die zeitliche Begrenzung auf die letzten 200 Jahre.

Dank sagen möchte ich Museen und privaten Sammlern, die mir für dieses Buch großzügig Objekte oder Fotografien zur Verfügung gestellt haben. Außerdem möchte ich mich auch bei all denen herzlich bedanken, welche mir Informationen gegeben, seltene Zeitschriften und Kataloge zugänglich gemacht, Korrektur gelesen und auf viele andere Weise weitergeholfen haben:

Historisches Museum Frankfurt am Main; Museum für Deutsche Volkskunde, Berlin; Schweizerisches Museum für Volkskunde, Basel; Schweizer Kindermuseum, Baden; Spielzeugmuseum der Stadt Nürnberg; Vorarlberger Landesmuseum, Bregenz; Annemarie Bähr, Frankfurt M.; Rosemarie Beck, Mühltal; Monika Belz, Mühlheim; Inge Bloehmer, Frankfurt M.; Irene Düll, Frankfurt M.; Otto Hahn, Rudolstadt; Claudia Högler, Bregenz; Almut Junker, Frankfurt M.; Fränzi Kleemann, München; Ralf Knedel, Frankfurt M.; Katharina Kreschel, Brandenburg; Hermann Kurtz, Stuttgart; Maria Loewe, Strub/Berchtesgaden; Fotoarchiv Ellen Maas, Frankfurt M.; Meinhard Meisenbach, Bamberg; Ursula Pfistermeister, Fürnried; Eva Pinamonti, Frankfurt M.; Katharina Reiff, Frankfurt M.; Ruth Rinck, Frankfurt M.; Dr. Heidemarie Schade, Berlin; Ernst Schindel, Bad Homburg; Luise Stiegel, Rödermark; Gertrud Ullmann, München; Christine Vogel, München; Eberhard Werkner, Erzgebirge Museum Kittersberg; Ursula Werner, Frankfurt M.; Petra Wickler-Korte, Frankfurt M.; Gertrud Wienand, München.

Inhaltsverzeichnis

»Wernerchen, Weihnachten 1926«
Postkarte, anonym

HISTOIRE NATURELLE.(Reptiles).

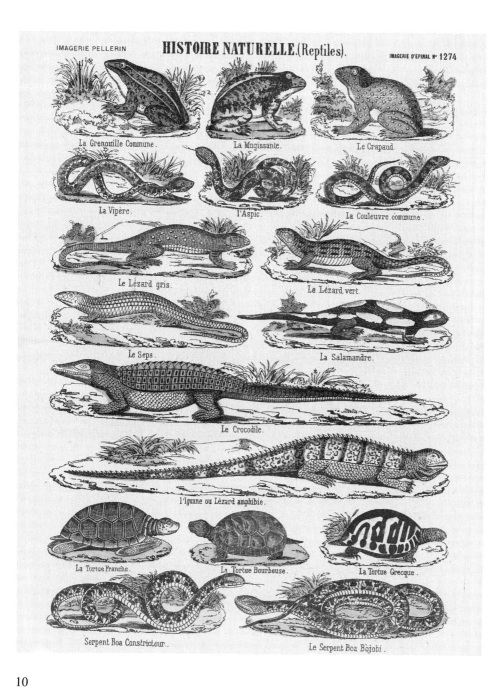

La Grenouille Commune.

La Mugissante.

Le Crapaud.

La Vipère.

l'Aspic.

La Couleuvre commune.

Le Lézard gris.

Le Lézard vert.

Le Seps.

La Salamandre.

Le Crocodile.

l'Iguane ou Lézard amphibie.

La Tortue Franche.

La Tortue Bourbeuse.

La Tortue Grecque.

Serpent Boa Constricteur..

Le Serpent Boa Bojobi.

Lernen durch »Anschauung«

Naturwissenschaftliche Erkenntnisse

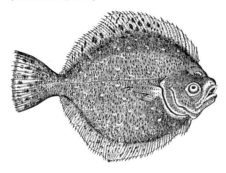

In der Renaissance wurde der Natur und ihrer Erforschung ein neues Interesse entgegengebracht. Es ist kein Zufall, daß gerade damals Konrad von Gesners grundlegendes zoologisches Werk die *Historia animalium* gedruckt (Zürich 1551–58) und die Naturgeschichte zu einer anerkannten Wissenschaft erhoben wurde. Die zunehmende Systematisierung der naturwissenschaftlichen Erkenntnisse mündete schließlich in Linées *Systema naturae* (1735), die den Tieren und Pflanzen erstmals je einen Gattungs- und einen Artnamen gab und im 19. Jahrhundert viele einschlägige Arbeiten nach sich zog. 1859 begründete Darwin mit dem Werk *Über die Entstehung der Arten durch natürliche Zuchtwahl* die Abstammungslehre, löste große Diskussionen aus und trug damit zur Popularisierung der Naturwissenschaften bei.

Orbis pictus und andere Bücher mit Tierbildern

Den Kindern wurde allerdings erst spät ein den naturwissenschaftlichen Erkenntnissen der Zeit entsprechendes Weltbild vermittelt. Ein langsamer Umdenkungsprozeß hatte zunächst die Grundlagen dafür schaffen müssen.

Mit den ökonomischen und strukturellen Umwälzungen im 17. bis 19. Jahrhundert, aus denen schließlich die städtische Kleinfamilie erwuchs, war eine neue Vorstellung vom Kind einhergegangen. Kindheit wurde jetzt als besonderer Lebens abschnitt verstanden, der pädagogisch genutzt werden mußte. Auch das Spielzeug der Kinder bekam einen neuen Stellenwert. Man nutzte beispielsweise Geschicklichkeitsspiele, um Handfertigkeit zu üben, und auch zur Vermittlung des Wissens begann man neue kindgerechte Wege zu gehen. Von dem böhmischen Pädagogen Johann Amos Comenius wurde das bisherige Lernen *aus den Schriften* ersetzt durch die *Anschauung der wirklichen Welt.* Er brachte 1658 ein Bilderlexikon für Kinder, den *Orbis Sensualium Pictus* heraus. In der Folge orientierten sich viele Autoren an diesem nun allgemein *Orbis Pictus* genannten Bilderbuchtyp, der die Gegenstände, natürlich auch viele einheimische und fremde Tiere, in kombinierten Bildern zeigte und namentlich benannte.

Eine spezielle *Naturgeschichte für Kinder* wurde 1778 von Georg Christian Raff herausgegeben. Sie vermittelte wissenschaftliche Erkenntnisse in unterhaltsamer Form ebenso wie das 30 Jahre später erschienene gleichnamige Werk Carl Philipp Funkes mit 120 kolorierten Tier- und Pflanzendarstellungen. Weitere naturwissenschaftliche Informationen für Kinder brachte die berühmt gewordene 12-bändige Kinder-Enzyklopädie, mit deren Herausgabe Friedrich Justin Bertuch 1790 begann. Auf über der Hälfte der Kupfertafeln, nämlich auf 544 wurden, dem zoologischen Interesse der Zeit entsprechend, Tiere dargestellt. Die Abbildungen in seinem *Bilderbuch für Kinder* waren *alle nach den besten Originalen ausgewählt, gestochen, und mit einer kurzen wissenschaftlichen, und den Verstandes-Kräften eines Kindes angemessenen Erklärung begleitet.*

Bücher wie Friedrich Güll's *Systematische Bilderschule für das zarte Kindesalter* (1817) mit kolorierten Bildtafeln – unter anderem auch von einheimischen Tieren – dienten dem häuslichen Unterricht, und Schreiber's *Bilder zum ersten Anschauungsunterricht für die Jugend* (um 1843) wurden schließlich auch in der Schule eingesetzt, insbesondere nachdem 1889 eine erweiterte in drei Teile gegliederte Auflage erschienen war. Der erste Band betraf die nahe, der dritte die fernere Umwelt des Kindes, während sich Teil 2 ausschließlich mit Tieren und Pflanzen befaßte.

Das Interesse war so groß, daß ein naturwissenschaftliches Werk schließlich sogar im Spielwarenhandel verkauft werden konnte: *W. Hagelberg's Atlas der Zoologie,* 1878–81 in Berlin erschienen. Dieser Atlas bot eine »naturgetreue Darstellung des Thierreichs«, wissenschaftlich auf neuestem Stand und trotzdem von besonderem Reiz für Kinder, umfaßte er doch fünf Sammelalben und *Couverts mit vielen Bildern.* Spielerisch lernten die Kinder beim Einkleben der nur briefmarken-großen geprägten Chromolithographien Namen, Familie und Ordnung der Tiere ganz nebenbei kennen.[1]

Le Taton Apar.
Euphractus Apar.

Le Cochon de terre du Cap.
Orycteropus capensis.

Le Fourmilier didactyle.
Cylothurus didactylus.

Le Grand lézard écaillé.
Manis tetradactyla.

W. Hagelbergs Zoologischer Handatlas (Erstausgabe Berlin 1878-81, 6 Bde.), »bestehend aus einem Buch.., ferner einem Kuvert mit vielen Bildern zum Einkleben; zu jedem Bilde genaue Erklärung. Diese Atlasse sind wie die Briefmarkenalbums eingerichtet und bilden das Beste, was in illustrierten zoologischen Büchern existiert.«
aus: Katalog Borho, um 1913, S. 109

unten: 4 von 12 Abbildungen der Insektenfresser, Tafel 11

Bilderbogen – Prägebilder – Aufstelltiere

Anstelle der Wissensvermittlung über das teuere Buch gab es für die meisten Kinder nur Informationen durch das preiswerte Einzelblatt, den volkstümlichen Bilderbogen, der ja für alle einfachen Leute vom 16. bis ins 19. Jahrhundert der wichtigste gedruckte Informant war.[2] Als zugkräftige Sensation wurden von den Bilderbogenverlagen gern exotische Tiere abgebildet, manchmal in merkwürdigen Proportionen oder als menschenköpfige Monster. Viele Wiedergaben wie beispielsweise das berühmte Rhinozeros Albrecht Dürers von 1513 waren jedoch detailgetreu.

Schulheftumschlag mit Nashorn, 1861
kolorierte Lithographie, 20x16 cm

13

Zunächst vor allem für Erwachsene gemacht, war der Bilderbogen schon im 18. Jahrhundert begehrtes Spielzeug von Kindern, wie man auch vom kleinen Johann Wolfgang Goethe (geb. 1749) weiß: *Die Buden des sogenannten Pfarreisens waren uns Kindern sehr bedeutend, und wir trugen manchen Batzen hin, um uns farbige, mit goldenen Tieren bedruckte Bogen anzuschaffen.*[3]

Der Bilderbogen wurde dann mit dem fortschreitenden 19. Jahrhundert immer mehr zum »Lehr-Spielzeug«, mit dem man das Lernen auf alle Arten schmackhaft zu machen suchte. Einheimische und exotische Tiere gehörten zu den häufigen Motiven, oft wurden sie für Schulheftumschläge verwendet oder zum Ausschneiden und Zusammenstellen für Weiden, Bauernhöfe oder Menagerien auf Ausschneidebogen gedruckt. Auch auf Hauchbildern, die es mit allen nur erdenklichen Motiven gab und die gern als Fleißbillets verteilt wurden, schimmerten in Gold oder Silber nicht nur Bilder von Tieren, sondern auch deren Bezeichnung: *Känguruh, Blauaffe, Nashorn.* Mit den passenden Tiernamen waren ebenfalls manche der hochglänzenden, geprägten, gestanzten Oblaten (Prägebilder) bedruckt, die als Tierserien für Poesie- und Klebealben verkauft wurden, ähnlich den kleinen Sammelmarken für den schon erwähnten *Zoologischen Handatlas.*

14

Auch Spiele konnten, wie nicht anders zu erwarten, »belehrend« sein. Chromolithographien auf Kubusspielen, Würfelnestern und Puzzles boten beispielsweise kleineren und größeren Kindern Abbildungen von Tieren in deren Lebenszusammenhang. Lottospiele, Quartetts und Gesellschaftsspiele, die sich zum Teil speziell mit Tieren befaßten, brachten Wissen bei und fragten es ab. Um 1900 gab der Spiele-Produzent Raphael Tuck & Sons, London und Berlin, *Bewegliche Tiere* als *künstlerisch, lehrreich, amüsant* heraus. Lehrreich ist ihre Rückseite. Die aufstellbaren, in ihren Gliedern beweglichen Tierfiguren aus geprägter Pappe sind dort nämlich mit ausführlichen naturwissenschaftlich fundierten Texten bedruckt. Als *unterhaltender und lehrreicher Zeitverteib* galten auch Tucks *Wackeltiere: Vollfarbige, naturgetreue Tierbilder zum Aufstellen, die ohne jede Mechanik die Köpfe bewegen und somit lebenswahre Bilder unserer beliebtesten Haustiere und bekanntesten wilden Tiere geben.* Auch sie waren aus Pappe und wie die *Beweglichen Tiere* gewissermaßen nahe verwandt mit Oblate und beweglichem Bilderbuch.

Doch nicht nur das gedruckte, auch das dreidimensionale Spielzeugtier sollte *für die Jugend zugleich Vergnügen und Belehrung* bieten.

»Bewegliche Tiere«, um 1900
3 von 12 Tieren; Chromolithographien auf Karton, geprägt, gestanzt, rückseitig naturwissenschaftliche Beschreibung (siehe Elefant); durchschnittlich 20 cm hoch. Raphael Tuck & Sons, London u.a.

Die berühmte Nürnberger Zinngießerei Hilpert hatte schon Ende des 18. Jahrhunderts in einer *Naturhistorische Vorstellungen* genannten Serie naturgetreue Tiere produziert und in die Standplättchen deren lateinischen Namen eingegossen; Johann Ernst Fischer in Halle brachte bald danach schön bemalte Zinntiere heraus *zur Beförderung der Kenntnisse, zur Bildung des Herzens und Vervollkommnung ... der Jugend,* und die Firma K. W. Kummer, Berlin zeigte anläßlich der Deutschen Gewerbe-Ausstellung 1844 in Berlin eine *Menagerie wilder und zahmer Thiere, sehr schön geformt ... in natürlicher Proportion,* welche wegen ihrer *belehrenden* Eigenschaften besonders hervorgehoben wurde.

Auch Unterhaltungs- und Lehrmittelkataloge des ausgehenden 19. Jahrhunderts boten sowohl Zinnfiguren wie auch *handliche* Papiermaché- und lederbezogene Tiere *in naturgetreuer Wiedergabe* an, *dienend zum Spiel wie auch zum Anschauungsunterricht.*

Lernmaterial wurde zum Spielzeug, Spielzeug zum Lernmaterial. Darin steckte auch ein ökonomischer Aspekt: Eltern ließen sich damals (wie heute) leichter zum Kauf verführen, wenn es der Bildung und nicht »nur« dem Spielvergnügen ihrer Kinder guttat. Trotz alledem – die Wissensvermittlung war im gesamten Angebot von Spielzeugtieren nur ein Gesichtspunkt unter anderen. Selbst bei den besonders zur Unterrichtung geeigneten Dingen aus Papier sorgten Spielzeugmacher und Künstler mit »Spaßspielen« für Vergnügen im Kinderzimmer. Lothar Meggendorfer ist mit seinen »lebenden« Tier-Bilderbüchern das beste Beispiel dafür. Als Leporello-Alben erschienen 1884 die *Große Menagerie,* 1885 *Im Circus* und 1903 die *Arche Noah.* Als Bilderbücher zum Aufstellen kamen 1887 ein *Internationaler Circus* und 1888 *Der Zoologische Garten* heraus; im gleichen Jahr wurde ein Ziehbilderbuch mit dem Titel *Allerlei Thiere* und 1901 ein Verwandlungsbilderbuch *Lustige Zoologie* veröffentlicht. Auch die Gesellschaftsspiele mit Tierthemen dienten nur zum Teil der Wissensvermittlung wie beispielsweise das Spiel *Im Reich der Käfer und Schmetterlinge.* Viel häufiger sind sie aber den Glücks- oder Geschicklichkeitsspielen zuzurechnen, wie das alte Gänsespiel mit Zinn- oder geschnitzten Holzgänsen, das Spiel *Hoki-Poki* mit kletternden Schweinchen aus Holz, lustige Zoo- und Affenspiele, verschiedenartige Angelspiele und vieles mehr.

Zinn-Tiere, um 1792-1800
auf dem Standplättchen bezeichnet, bemalt, ca. 3 cm hoch. Johann Ernst Fischer, Halle a.d. Saale
(Besitz und Foto: Germanisches Nationalmuseum, Nürnberg)

Hoki-Poki! Die hungrigen Schweinchen
Lustiges Gesellschaftsspiel;
aus: Katalog Borho, um 1913

Der kleine Zoologe

Lebende Tiere als Spielgefährten und Spielzeug

Hunde, manchmal auch Ziegen zum Anspannen vor einen kleinen Leiterwagen, Katzen und vor allem Vögel waren Spielgefährten und liebe Freunde der Kinder. Singvögel wurden in einem für uns fast nicht vorstellbaren Maß eingefangen und in Käfigen gehalten. Die winzigen Zeisige saßen meistens in kleinen einfachen Holzkäfigen, aber es gab auch Vogelkäfige in bizarren Formen.[4]

Im Spielalltag sind auch die kleinen, mit gewissem Gruseln betrachteten Tiere von Bedeutung gewesen. Begräbnisse von eigens dafür getöteten Insekten, ausgerissene Spinnenbeine, vielerlei versehentliche und absichtliche Tierquälereien sind manchen Erwachsenen in beschämender Erinnerung. Tierquälerei scheint früher – wahrscheinlich aufgrund des engeren Kontakts der Menschen mit den Tieren – bei Kindern eine viel größere Rolle gespielt zu haben als heute. Das Thema wurde jedenfalls in Kinder- und Schulbüchern immer wieder ausgebreitet. Die Geschichten sind oft drastisch und enden meistens mit einer »gerechten« Strafe. F.P.Wilsmen's Kinderfreund berichtete 1841 von dem kleinen Hartmann, der ein Vergnügen daran fand, Tiere ohne Not zu quälen, weil er *glaubte ein Recht zu haben, sich dieses Vergnügen zu machen... Er fing Maikäfer, band sie mit einem Faden an einen Stock, und ließ sie so um denselben herumfliegen, bis sie ganz abgemattet waren. Die unschuldigen und in mancher Hinsicht nützlichen Frösche durchstach er mit Nadeln, und ergötzte sich an ihren Zuckungen...* Natürlich nahm dieser kleine Hartmann ein ebenso schlimmes Ende wie *Anton Steiner, ein boshafter Knabe.* Die Untaten dieses Tierquälers werden im Lesebuch für die evangelischen Volksschulen Württembergs von 1884 auf so entsetzliche Weise ausgemalt, daß man sie nicht wiederholen mag. Schließlich folgt auch hier die »Strafe Gottes«. Abschreckung sollte diese Probleme lösen. Dabei war es für Kinder sehr schwer, die Grenze zu ziehen zwischen geduldetem Spiel und verbotener Quälerei, da auch die Erwachsenen manchmal eine für uns befremdliche Einstellung zu Tieren zeigten,

Der Tierquäler durchsticht einen Frosch
kolorierte Lithographie, Tafel XVI »Moral in
Bildern« (Ausschnitt)
aus: Güll, 1817

besonders wenn diese klein und nutzlos waren oder gar zu den
»schädlichen« zählten.

Lebende Tiere als Spielzeug zu benutzen, bereitete denn auch in früheren Jahrhunderten niemandem ein schlechtes Gewissen. Auf Ge-
mälden des 17. Jahrhunderts lassen Erwachsene unbekümmert am
Füßchen festgebundene Vögel zum Vergnügen kleiner Kinder flat-
tern, oder die Kinder selbst führen einen Vogel am Bändchen.[5]
Auch Bilderbogen des 18. und frühen 19. Jahrhunderts illustrieren
solche Szenen,[6] und Georg Hieronimus Bestelmeier offerierte 1803

Froschhaus, um 1870/80
Standplatte Holz, Aufbau Glas und Blech,
bemalt, mit hölzerner Froschleiter und
Blechwännchen; 44 cm hoch (mit Fahne)

in seinem *Magazin von verschiedenen Kunst- und anderen nützlichen Sachen, zur lehrreichen und angenehmen Unterhaltung der Jugend* auch kleine Spielwerke, die mechanisch betrieben zu sein schienen, in Wirklichkeit aber von Vögeln angetrieben wurden. Da gab es beispielsweise ein Vogelhaus mit Hanswurst, Schlotfeger und Mühlrad, welche unauffällig von einem Vogel in dem an der Giebel-Seite angebrachten Haspel-Rad in Bewegung gesetzt wurden. Der Hanswurst hob beide Arme, der Schlotfeger stieg im Kamin auf und ab, das Mühlrad lief, und eine Glocke im Türmlein klingelte. Außerdem konnte man *Komische Figuren* kaufen, *welche immer die Köpfe bewegen ... das spaßhafteste von den Figuren ist, daß man in jede von unten hinein einen lebendigen Vogel stecken kann; dieser sieht dann oben heraus und macht allerley Bewegungen. Man glaubt nicht, daß ein lebendiger Vogel darinnen ist, sondern hält das Ganze für ein Uhrwerk...* (No 1032).

Noch weniger Bedenken hatte man im Umgang mit Insekten und Käfern und am allerwenigsten mit Fliegen, von denen die Menschheit sich früher furchtbar belästigt fühlte. In den Sagen wurde die Fliege immer als ein Geschöpf des Teufels dargestellt; sie soll auch auf die Arche Noah nur durch eine List des Teufels gelangt sein und so zum Ärger der Menschen überlebt haben.[7] Daraus wird vielleicht einigermaßen verständlich, wie bedenkenlos Fliegenfallen zur *Belustigung für junge Leute* angeboten wurden. Solche *Mücken- oder Fliegenheerde* in Hausform bestrich man von innen mit Süßem; waren genug Fliegen davon angelockt, schloß man das Dach. Die entstehende Dunkelheit trieb die Fliegen in einen vorne angebrachten Glaszylinder, welchen *man hierauf abnimmt und seine Innwohner tödtet.*[8] Und das war dann die Belustigung!

Im 16. Jahrhundert benutzte man im Nürnberger Raum für Säuglinge *Muckenkästchen*, kleine rasselartige Hohlkörper, in welche man Fliegen sperrte. Deren aufgeregtes Summen beim Hin- und Herfliegen war für das Kind ein angenehmes, beruhigendes Geräusch.[9] Ein ähnliches Vergnügen bereitete größeren Kindern das *Sonneberger Mucken- oder Fliegenhaus*.[10] Es gleicht den hölzernen Grillenhäuschen mit kleinen Luftlöchern an der Seite und dem vorne angebrachten verschließbaren Einschlupf, die man in Berchtesgaden noch heute herstellt. (Grillen habe ich allerdings noch nicht darin ge-

»Ein Vogel-Hauß«
dessen Figuren von Vögeln bewegt werden
aus: Bestelmeier, 1803, No. 889

»Komische Figuren«
deren Köpfe von eingesperrten Vögeln bewegt werden
aus: Bestelmeier, 1803, No. 1032

Insektenkäfige
von links nach rechts:
Korkscheiben mit Stecknadeln, 1943
durchbrochenes Döschen, um 1830
(als Käfig verwendet); Berchtesgaden
Grillenhäusl, um 1900
Holz, seitlich Luftlöcher, vorne Schlupfloch
mit Schiebebrett, 9 cm hoch; Berchtesgaden
(Besitz: Christine Vogel, München)

sehen!). Ein derartiges Grillenhaus ist schon auf einem Bilderbogen
über *Kinderspiele* von ca. 1730 zu sehen neben Libellen und Hirsch-
käfern, welche – wie die schon erwähnten Vögel – an Fäden hängen.[11]

Von unbefangenen Feierabend-Spielen mit Küchenschaben – in der
Art eines Flohzirkus – schreibt Maxim Gorki (geb. 1868): Wanja *fing
hinter dem Ofen eine Anzahl großer Schwaben, machte rasch aus
Zwirn das nötige Geschirr für sie zurecht, fertigte aus Papier einen
Schlitten an, und alsbald fuhr über den gelben, sauber gescheuerten
Tisch ein Viergespann von Rappen dahin, das Wanja mit einem dün-
nen Span lenkte.*[12] Bis in unsere Zeit sperren Kinder Fliegen in
Streichholzschachteln oder winzige, aus Stecknadeln und Kork-
scheibchen selbst gebastelte Käfige.

Am weitesten verbreitet dürfte das Spiel mit den Maikäfern gewesen
sein. Man freute sich über den ersten Maikäfer im Jahr, spürte mit
Schauder das Kitzeln ihrer rauhen Beinchen auf der Haut und
schaute fasziniert zu, wenn sie auf den zarten jungen Buchenblättern
steifbeinig herumkrabbelten, und man kannte ihren spezifischen
Geruch, den sie in ihren mit Löchern versehenen Gefängnissen, den

21

Zigarrenkistchen und Schuhkartons oder den mit eingestochenem Pergamentpapier zugebundenen Einmachgläsern verbreiteten. Man zeigte sie untereinander vor, prahlte mit ihrer Zahl, ihrer Größe und ihrer Seltenheit. *Kenner schieden sie nach der Farbe ihres Schildes. Am gesuchtesten waren die mit Purpurschildern: die »Kaiser und Könige«, dann kamen die mit den weißen (»Müller«) und die mit den schwarzen Schildern (»Schornsteinfeger«) und endlich das gewöhnliche Volk. Hier lernten wir zuerst die Grundsätze aller Volkswirtschaft kennen* schreibt der Nationalökonom Adolf Damaschke (geb. 1865) in seinen Erinnerungen: *War das Angebot groß, so mußten drei für eine Nadel gegeben werden – »Käfermai, Käfermai, für eine Nadel gibt es drei!« - war es klein, so konnte man wohl einen Pfennig für einen Käfer erhoffen.*[13] Maikäfer waren mehr Objekte der Sammelleidenschaft als der »Wissenschaft«.

»Maikäfer flieg!«
aus: Schullesebuch, um 1915

Lebende Tiere als Objekte »wissenschaftlichen« Interesses

Daß der Mensch nicht Herr, sondern ein Teil der Natur ist, daß er mit den Tieren »in einem Boot« sitzt, dringt jetzt allmählich ins Bewußtsein der Menschen. Die drohende Vernichtung der Lebensräume der Tiere und damit der eigenen, die Angst vor dem Aussterben der Tiere hat den Ruf nach ihrem Schutz verstärkt. Vor hundert Jahren hatte man bereits die Gefährdung der Vögel erkannt, im übrigen aber wurde das Sammeln von Tieren noch gefördert; man fürchtete nämlich ein Verkümmern der naturwissenschaftlichen Interessen, denn *in diesem papierenen Zeitalter hat nun wohl fast jeder Knabe ohne Ausnahme eine Briefmarkensammlung oder doch einmal eine gehabt, das Sammeln von Naturgegenständen ist aber gegen früher sehr in Rückstand gekommen. Damals gab es jenen öden Sport noch nicht, und die Knaben sammelten viel häufiger als jetzt Vogeleier, Schmetterlinge, Käfer, Muscheln, Pflanzen, Steine und dergleichen,* schreibt der 1842 geborene Heinrich Seidel 1894 in seinen Erinnerungen. *Das Eiersammeln will ich in dieser Zeit, wo die Vogelwelt bei uns*

Maikäfer am Schnürchen
aus: Die Kinderwelt, Nr. 11, 1929, S. 84

2. Die Sammlung.

Die Schmetterlingssammlung
oben: »Nächtlicher Fang«
Mitte: Schmetterlingsnetze
unten: Käfer- und Schmetterlingssammlung;
aus: Klasing, Das Buch der Sammlungen
1878

von Jahr zu Jahr abnimmt, nicht befürworten, es ist ja auch, Gott sei Dank, verboten, doch muß ich bekennen, daß es für mich die Brücke gebildet hat zu einer etwas intimeren Kenntnis der Natur … durch unausgesetzte Beobachtung und fleißiges Nachlesen …

Zur Information und Anleitung naturwissenschaftlich interessierter Jugendlicher wurde im 19. Jahrhundert, besonders in der 2. Hälfte, viel getan. Über Spezialgebiete wurden kleine Monographien oder Aufsätze in Jugend-Jahrbüchern und -Journalen herausgegeben. 1878 erschien das *Buch der Sammlungen*, in dem der jugendliche Leser in Wort und Bild alles über das Sammeln von Schmetterlingen, Raupen, Käfern, Muscheln und Schnecken erfahren konnte. Er wurde außerdem informiert über das Einrichten von Aquarien, Terrarien und Insektarien.

In vielen Biografien kann man von dem »Hauptvergnügen« lesen, welches das Fangen der Schmetterlinge bereitet hat, das atemlose Nachjagen, das Springen über die Sommerwiesen mit dem großen Schmetterlingsnetz, dem »Garn«, wie man es auch nannte. Die Ausbeute war da nicht für alle von gleicher Bedeutung. Wer die Sache jedoch ernsthaft betrieb, brauchte auch sogenannte Schmetterlingsscheren mit zwei Gazetellern, zwischen denen das gefangene Tier vorsichtig gehalten wurde. Zur Ausrüstung gehörten außerdem ein Schmetterlingskasten aus Blech oder Holz, ersatzweise eine Botanisiertrommel zum Heimtragen der Beute, und schließlich Betäubungsmittel, Insektennadeln und Spannbrettchen, denn diese Form des Sammelns verlangte am Ende das Töten. Vielen Kindern kam das sauer genug an; manche legten sich daher lieber einen Raupenzuchtkasten zu oder hielten lebende Tiere in Terrarien, Aquarien und Froschhäusern. Diese waren meistens wie kleine Häuser aufs feinste zurechtgemacht und verziert, die Eisenteile grün lackiert, auf dem Dach ein Fähnchen. Manche der Froschhäuser hatten patenterweise einen *eigenen Fliegenfang*, der wie die Fliegenfallen mit eingestrichenem Süßem funktionierte. Es ging aber auch einfacher. Manch einer zog mit seinem Kescher los und mit einem kleinen Glas. Die gefangenen Molche, Kaulquappen und anderes kleines Wassergetier wurde dann zu Hause in einem besonders großen Einmachglas der Mutter wie in einem Aquarium gehalten.[14]

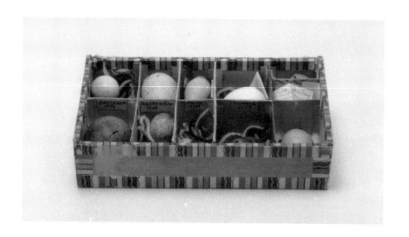

Der häuslichen Förderung kam bei diesen naturwissenschaftlichen Spielen eine bedeutende Rolle zu. Gottfried Keller, der als Fünfjähriger 1824 seinen Vater verloren hatte, erzählt in seinem autobiografischen Roman *Der grüne Heinrich*, daß er *aus der Ferne bei anderen Knaben* (sah), *daß sie artige kleine Naturaliensammlungen besaßen ... und von ihren Lehrern und Vätern angeleitet wurden.* Er schildert dann eindrucksvoll die Hilflosigkeit des interessierten kleinen Buben, der von seiner Mutter keinerlei Anleitung – schon gar nicht naturwissenschaftlicher Art – für den Umgang mit Tieren erhalten hatte. Nachdem er zum erstenmal eine große Menagerie gesehen hatte, beschloß er, auch eine anzulegen.

Ich *baute eine Menge Käfige und Zellen. Mit vielem Fleiß wandelte ich dazu kleine Kästchen um, verfertigte deren aus Pappe und Holz und spannte Gitter aus Draht oder Zwirn davor, je nach der Stärke des Tieres, welches dafür bestimmt war. Der erste Insasse war eine Maus, welche mit eben der Umständlichkeit, mit welcher ein Bär installiert wird, aus der Mausefalle in ihren Kerker hinübergeleitet wurde. Dann folgte ein junges Kaninchen; einige Sperlinge, eine Blindschleiche, eine größere Schlange, mehrere Eidechsen verschiedener Farbe und Größe; ein mächtiger Hirschkäfer mit vielen anderen Käfern schmachteten bald in den Behältern, welche ordentlich aufeinandergetürmt waren. Mehrere große Spinnen versahen in Wahrheit die Stelle der wilden Tiger für mich, da ich sie entsetzlich*

fürchtete und nur mit großem Umschweife gefangen hatte. Mit schauerlichem Behagen betrachtete ich die Wehrlosen ... ich fütterte sie sehr regelmäßig, führte auch andere Kinder herbei und erklärte ihnen die Bestien mit großem Pomp. Ein junger Weih, welchen ich erwarb, war der Königsadler, die Eidechsen Krokodile, und die Schlangen wurden sorgsam aus ihren Tüchern hervorgehoben und einer Puppe um die Glieder gelegt. Dann saß ich wieder stundenlang allein vor den trauernden Tieren und betrachtete ihre Bewegungen. Die Maus hatte sich längst durchgebissen und war verschwunden, die Blindschleiche war längst zerbrochen, sowie die Schwänze sämtlicher Krokodile, das Kaninchen war mager wie ein Gerippe ..., alle übrigen Tiere starben ab und machten mich melancholisch, so daß ich beschloß, sie alle zu töten und begraben. Der kleine Junge begann ein greuliches Blutbad anzurichten. Weil ihm die Geschöpfe aber alle lieb geworden waren, konnte er ihre Zuckungen nicht länger ertragen und beerdigte sie allesamt, *tote, halbtote und lebende ... der Rasenplatz war lange eine schauerliche Stätte.* [15]

Die Beschäftigung mit ungezähmten Tieren war wie die gesamte naturwissenschaftliche Betätigung – von wenigen Ausnahmen abgesehen – eine Domäne der Buben; die Mädchen beteiligten sich nur als bewundernde oder sich gruselnde Schwestern am Geschehen. So ist es eigentlich nicht mal erstaunlich, daß als Tierquäler in Kinder- und Schulbüchern auch nur Knaben erwähnt und abgebildet wurden. [16]

Das »liebe Vieh«

Tiere auf dem Land

Das Vieh war dem Bauern »lieb«, oft sogar wichtiger als der Mensch, weil es ihm Lebensunterhalt bot; und doch war der Bauer für die Tiere nicht immer der »liebe Bauer«! Aus den alten Vorstellungen heraus vom Menschen als dem Mittelpunkt, dem die Erde und auch das »seelenlose« Vieh untertan ist, ergaben sich manche Quälereien. Vielfach wurden sie aber ausgeglichen durch die Beziehung, die sich zwischen Bauer und Vieh einstellte durch das enge Miteinanderleben – je nach landschaftlicher Bauweise des Hofes oft sogar zusammen unter einem Dach.

Die zunehmende »fabrikmäßige Viehzucht« in unserem Jahrhundert hat Tierquälereien der alten Art, die aus menschlichen Unzulänglichkeiten entstanden, aus Armut, Schlamperei, Jähzorn und so fort, abgelöst. Die heutigen Quälereien resultieren aus der Profitmaximierung und haben das Tier zu einer »Sache« gemacht. Die moderne Art der Viehzucht hat außerdem bewirkt, daß die bunte

Bauernkinder mit Schweinen, um 1930
Amateurfoto

27

Vielfalt an Tieren auf den früher weitgehend autarken Höfen einer »Mono-Aufzucht« gewichen ist. In riesigen Ställen stehen nur Milchkühe, nur Mastochsen, nur Kälber oder nur Schweine; in Geflügelfarmen werden entweder Gänse gemästet oder Hühner in Legebatterien gehalten. So kennen heute die Kinder auf dem Land fast ebenso wenig wie die Stadtkinder all die unterschiedlichen Tiere, die noch vor 40–50 Jahren auf einem Bauernhof mittlerer Größe vereinigt waren: Kühe und Kälber, Schweine und Ferkel, Ziegen und Zicklein, Schafe und Lämmer, Kaninchen, Gänse, Enten, Tauben, Truthennen, Hahn, Hühner und Kücken, Katzen und Hunde und bei reicheren Bauern auch Pferde. Der tägliche Umgang mit diesen verschiedenartigen Tieren hatte früher für die Kinder eine besondere Natur- und Lebenserfahrung mit sich gebracht.

Ich erinnere mich – aus der Großstadt kommend – meiner Ferienaufenthalte während des Zweiten Weltkriegs auf einem großen Bauernhof in der Oberpfalz. Eine meiner Nenntanten hatte dort eingeheiratet und mich verschiedentlich zu ihren drei Kindern geholt. Wir Kinder halfen da und dort, suchten nach »verlegten« Eiern im Heuboden, fütterten die Hühner und Tauben, hüteten die Gänse und halfen den Erwachsenen beim Füttern der großen Tiere und beim Hüten der Kühe. Wir trieben auch die Schweine zu ihrem Suhlplatz, die kleinen wie einen Schubkarren an den Hinterbeinen festhaltend, damit sie nicht entkommen konnten. Wir sahen der Henne zu, die Entenkücken ausgebrütet hatte und aufgeregt gackernd neben ihren schwimmenden Entlein herrannte. Im übrigen tobten wir den ganzen Tag im Freien herum und spielten nie mit gekauftem Spielzeug. Das wenige vorhandene war für den Winter auf dem Dachboden weggestellt.

In den Erinnerungen wird das Landleben meistens romantisch verklärt und erscheint als eine ideale Lebensform, in der die Welt in Ordnung ist. Und doch bedeuteten die Tiere in der Realität für viele Bauernkinder vor allem Pflichten, denn auf ärmeren Höfen konnte die Arbeit nicht spielerisch aufgefaßt werden. Die Kinder waren fest eingeplant in den täglichen Arbeitsablauf, sie erledigten meistens auch die Hüte-Arbeit, trieben Ziegen und Kühe auf die Weide. Trotz allem, oder gerade deswegen, waren die Tiere immer auch Freunde und

Spielgefährten der Bauernkinder, besonders wenn Hündchen, Katze, Lämmchen, Zicklein oder Kaninchen ihr persönliches Eigentum waren, wie in verschiedenen Lebensgeschichten berichtet wird.

Wie Bauernkinder spielten

Es ist aus mehreren Gründen nicht erstaunlich, daß auf dem Land der Bedarf an Spielzeugtieren relativ klein war: die Kinder beschäftigten sich spielerisch mit lebenden Tieren, der Kauf von Spielzeug war wegen der Armut oder des chronischen Bargeldmangels der Bauern nur eingeschränkt möglich, und schließlich waren Kinder, die viel im Freien spielten und alles mögliche Brauchbare in der Natur fanden, in der Lage, sich eine eigene Spielwelt mit selbstgemachten Spielsachen zu schaffen.

Eindrucksvoll malt Ulrich Bräker (geb. 1735) in seiner Autobiografie die Armut in seinem Elternhaus und seine Arbeit als Geißbub in einem Bergtal der Westschweiz aus. Seine keineswegs arbeitsfreien frühen Kinderjahre davor erscheinen trotzdem als eine glückliche Zeit, während der er doch hin und wieder kreativen Spielereien nachgehen konnte: *Wenn mich der Vater nur mit lang anhaltender oder strenger Arbeit verschonte oder ich eine Weile davonlaufen konnte, so war mir alles recht. Im Sommer sprang ich in der Wiese und an den Bächen herum ... War ich dann müd, so setzt' ich mich an die Sonne und schnitzte zuerst Hagstecken, dann Vögel und zuletzt Kühe, denen gab ich Namen, zäunt' ihnen eine Weid' ein, baut' ihnen Ställe und fütterte sie, verhandelte dann bald dies bald jenes Stück und machte immer wieder schönere.*[17]

Der Bauernsohn Peter Rosegger (geb. 1843) bestätigt für das 19. Jahrhundert Kindererlebnisse ähnlicher Art. Er hat sein Leben lang liebevoll beobachtet, *wie Bauernkinder spielen* und schrieb 1911 mit Ironie: *... die Bauernkinder haben es gut! So lustig spielt sich's nirgends auf der Welt, als im Bauernhof, und so fein wird ihnen das Spielen nirgends gemacht. Denn es ist ihnen – sobald sie einmal ein wenig krabbeln können – eigentlich verboten. Zum Tatnen (= spielen, Anm.d.Verf.) ist keine Zeit. Arbeiten heißt's! So könnt ihr euch*

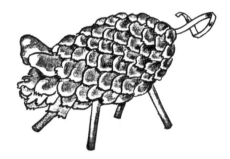

Zapfen-Tier
aus: Spielzeug aus Wald und Wiese, [1941]
S. 27

29

denken, wie köstlich die halben Stündlein sind, da es gelingt, der Arbeit zu entlaufen, um eigenmächtig etwas zu leisten. Und dieses kindliche, eigenmächtige, unbefangene, zwecklose Leisten heißt: Spielen. Das Wort »Spielen« wurde allerdings in der Obersteiermark nur für's Kartenspiel, für eine Lumperei also, gebraucht, Kinder aber spielen nicht, sondern *tatnen*, das heißt, sie *machen in freier Laune eine Tat... Der Bauer sieht es gern, wenn seine Kinder in ihrer freien Zeit sich mit etwas emsig beschäftigen... Am liebsten wäre es dem Landwirt freilich, wenn seine Kinder – Mädel wie Bub – gleich von der Mutterbrust weg mit Überspringen der »Tadnerei« zum »Orbatn« anheben würden. Aber dagegen lehnt sie sich auf, die junge frische Menschennatur...* Rosegger kommt bei seinen Überlegungen zu dem Schluß, daß das Spielzeug an sich Nebensache, daß die phantasievolle Beschäftigung damit, genährt durch die Nachahmung, alles ist. Was nun die Spielzeugtiere angeht, so schreibt er: *Der Sohn des Hirtenbauers beginnt schon in seinem vierten oder fünften Jahre mit der Viehzucht. Er sammelt unter den Bäumen Fichtenzapfen, das sind seine Ochsen, stellt sie unter ein aufgespreiztes Brettchen, das ist der Stall. Wird der Junge größer, so schafft er sich eine feinere Rasse an. Köpft junge Fichten oder Lärchen, stutzt und entschält die Wip-*

Gockel
Äste beschnitzt, Kamm rot bemalt, 9 cm hoch; Schweden

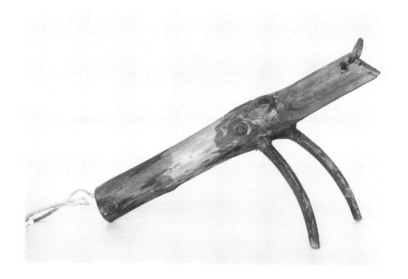

Astkuh
Kanton St. Gallen (Schweiz)
(Besitz und Foto: Schweizerisches Museum für Volkskunde, Basel, VI 7067)

30

Stall mit Holzkühen
Aostatal (Italien)
(Besitz und Foto: Schweizerisches Museum
für Volkskunde, Basel, VI 11002)

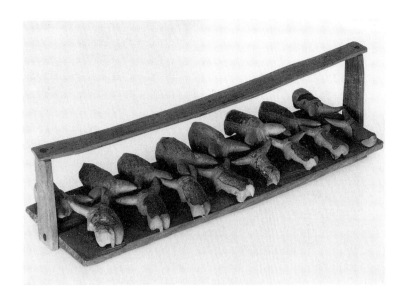

Astkühe
aus dem Wallis (Schweiz) und dem Aostatal
(Italien)
(Besitz: Schweizerisches Museum für Volkskunde, Basel)

*felchen und stellt nun die quirlartigen Dinger der Reihe nach auf. Das
sind die Ochsen...*[18]

Derartige Asttiere und ähnlich eindrucksvolle »Primitiv«-Kühe zeigt
das Spielzeugmuseum Riehen bei Basel in erstaunlicher Fülle.

Das Spiel der Bauernkinder, wie bei Rosegger auch in manchen anderen Biografien idealisiert, wickelte sich nicht immer originell, lie-
benswürdig, harmonisch ab! Die Kinder auf dem Land neigten verständlicherweise dazu, ihre Spielzeugtiere zu schlachten – wie sie es
bei den großen Tieren erlebten. Franz Michael Felder (geb. 1839) beschreibt *die derben Spiele der Burschen mit ihren hölzernen Rossen
und Kühen – den einzigen Spielsachen, die Eltern und Basen ver-
schafften,* welche aber für ihn, den zarter besaiteten, *nichts Anzie-
hendes* hatten. Er schreibt, daß ihm *die aus Erlenholz geschnitzten
Kühe,* deren *Euter wenigstens so groß sein mußte als ihr Bauch,* lieber
waren. ... *zuwider jedoch blieb mir die Art, wie nun mit diesen Tieren
gespielt ward, so natürlich sie auch dem Wesen des Bregenzerwälders
sein mochte... Die Kuh ist für die Bevölkerung das wichtigste Werkzeug. Nur durch sie läßt sich der Segen unserer Wiesen und Berge in
Bares verwandeln... Auch von den spielenden Knaben wurden ihre*

31

hölzernen Tiere nur als Werkzeuge behandelt, und schon das tat mir weh. Unmöglich konnte ich sehen, wie solch ein Tier auch nur in seinem schlechten Bilde geschlachtet, mit scharfem Messer zerstückt wurde, sobald man von ihm sagte, daß es zu wenig Milch gebe. Dieser dem Wesen des Knaben überhaupt eigene Umschaffungs- oder meinetwegen Zerstörungstrieb, der an seinen Kühen und Rossen sich nur durch das gewiß etwas verrohende Schlachten zu äußern vermochte, hat mich zuerst auf die wirklichen Kühe und ihre Stellung zum Menschen aufmerksam gemacht. Was kümmerte mich damals Handel und Verkehr! Mir war es peinlich, den Menschen mit lebenden fühlenden Wesen scheinbar ganz nach willkür walten, sogar über Leben und Tod bestimmen zu sehen. Noch weiß ich's, wie ich bitterlich weinte, als einst der Vater sagte, daß am nächsten Markt der gelbe Weißfuß verkauft werden müsse, was gleichbedeutend war mit Schlachtung.[19]

Mit dem Problem der Kinder, das Töten liebgewordener Tiere hinnehmen zu müssen und schließlich als etwas Unausweichliches akzeptieren zu lernen, beschäftigten sich Pädagogen in vielen didaktischen Kinderbüchern. Sie vermittelten das vorherrschende Weltbild des europäischen Menschen, das den eigenen Nutzen als Grundlage für alles Denken und Handeln betrachtet.

Wie man früher zu den einzelnen Tieren stand, illustriert die Erzählung *Der Fischteich*, abgedruckt in *F.P. Wilmsen's Kinderfreund* von 1841: Ein Vater läßt mit seinen Kindern einen Fischteich ab, zurück bleiben Karpfen, Schleie, Krebse, Frösche, Larven, Käfer usw. Die Kinder müssen nun *ein Gericht über die Tiere* bilden, sie einteilen in nützliche, schädliche und solche, die weder nützen noch schaden; und der Vater folgert: *Also haben wir zwei Fälle, in denen es recht ist, Thiere zu tödten: wenn sie uns im Leben schaden, oder wenn sie uns nützen, wenn sie todt sind.* Am Ende wird das Todesurteil vollstreckt: die Tiere, die weder schaden noch nützen, kommen in den Teich zurück, die schädlichen werden umgebracht, die nützlichen geschlachtet.[20]

Federvieh, 2. Hälfte 19. Jh.
gedrechselte Holzkörper, teilweise bemalt, mit Federn beklebt, Kämme aus Filz, Drahtbeine; Gockel 7 cm hoch.
Erzgebirge

Tiere vom Bauernhof für Stadtkinder

Die Kinder haben im Mittelalter bis ins 18. Jahrhundert hinein in Großhaushalten (Arbeiten und Wohnen unter einem Dach) relativ unbeachtet und frei, aber wohl auch unbehütet gelebt. Durch die Umwandlung der Agrar- in eine verstädterte Industriegesellschaft erfuhr die Einstellung zum Kind eine grundlegende Neuorientierung. Mit der Entwicklung des Kleinfamilien-Haushalts als neuer Lebensform im Lauf des 17. bis 19. Jahrhunderts gewannen die Kinder eine ganz neue Stellung im Familiengefüge. Die Fürsorge der Mutter, die nun, konzentriert auf den kleineren Haushalt, über (relativ) mehr Zeit verfügte, führte neben bewußter Förderung auch zu gewisser Einengung des Kindes. Nicht das im Freien tobende, sondern das brav in der Zimmerecke spielende Kind galt als vorbildlich. Es ist kein Zufall, daß in dieser Zeit die sogenannten Aufstellspielsachen aus Zinn und Holz, die ja besonders geeignet für »braves« Spielen sind, zu solcher Blüte kamen.

Für diese bürgerlichen Kinder nun wurden die Bauernhöfe, die Schäfereien und Kuhherden, auch die Pferdeställe und Fuhrparks gekauft, und nicht etwa für die Kinder der Bauern (von Großbauern natürlich abgesehen). Solche Spielsachen konnten daher auch keineswegs eine »Einübung des späteren Berufs« bezwecken (eine vereinfachende Floskel zur Sinndeutung von Spielzeug, die man des öfteren lesen kann). Die bürgerlichen Eltern wünschten sich für ihre Söhne nicht den Beruf des Bauern, Hirten oder Stallknechts, sondern »Berufe mit weißen Kragen«. Sie wollten allerdings, daß die Buben »Bescheid wußten«, daß sie Kenntnisse erwarben von einer Arbeitswelt, welche schon im ausgehenden 18. Jahrhundert für die in Städten lebenden Kinder nicht mehr direkt erfahrbar war.[21]

Die fehlende Erfahrung wurde einerseits mit dem in Wort und Bild beliebten *Anschaungsunterricht* ersetzt, andererseits gab man den Kindern als besonders anschauliche Variante das dreidimensionale Aufstell-Spielzeug in die Hand, das viele Vorzüge hatte, denn es vermittelte nicht nur Wissen. Das aus der Schachtel Kramen, das Aufstellen und Kombinieren der Tiere und Figuren kam dem Bedürfnis des Kindes nach Ordnen und Reihen bilden entgegen, es übte die

Kuh-Herde, Mitte 19. Jh.
aus Papiermaché/Masse, Tiere mit Tuch-Schur (»veloutiert«), bemalt, teiweise mit Holzbeinen; Hirt 10,5 cm.
Thüringen

Hände im Umgang mit zierlichen Dingen – und machte Spaß!
Die Plage mit dem Vieh und die mühselige Arbeit konnten von diesem Medium freilich so wenig vermittelt werden wie die sozialen und politischen Konflikte auf dem Land. Baute das Kind die Häuschen, die schönen Tiere, Figuren und Bäume auf, so ergab sich zwangsläufig ein Bild vom romantischen Landleben, das sich der Städter besonders im 19. Jahrhundert erträumte. Ein derartiger Effekt stellt sich bei diesen Spielsachen selbst in gealtertem, abgewetztem Zustand noch heute ein.

Die Auswahl an ländlichem Spielzeug war groß. Georg Hieronimus Bestelmeier bot beispielsweise 1803 ... *zur lehrreichen Unterhaltung der Jugend* einen Kuhstall, verschiedene Viehweiden und Schäfereien und *Ein großes Bauerngut mit Viehweide* an, *dabey befindet sich ein Bauernhauß mit einer Thür zum öfnen, ein Stall, wo das Vieh hineingethan wird, ein Backofen, ein Brunnen, ein Hundstall, ein Pflug, eine Bäuerin mit 9 Hühnern, ein Bauer, nebst 6 Ochsen und 6 Pferden, ein Schäfer mit Schäferwagen und 6 Schaafen, 12 Lantern* (= Zäune, Anm. d. Verf.) *18 Bäume, 18 Gebüsch ...* (No 393).

Bauernhöfe, Ställe, Kuh-, Schafherden und Hühnerhöfe blieben bis in die 40er Jahre unseres Jahrhunderts beliebtes Aufstellspielzeug. Pappe, Holz und Papiermaché (oft mit Filzstaub bestreut oder mit Fell, Leder oder Stoff bezogen), Zinn und Blei waren im Lauf der

Jahrzehnte von anderen Materialien ergänzt und verdrängt worden. In unserem Jahrhundert eroberten sich schließlich die Tiere aus *unzerbrechlichen Massen*, aus Celluloid und Preßholz den Markt. Vom Privileg einiger waren sie zum Spielzeug aller Kinder geworden.

Der erste Weltkrieg hatte einen deutlichen Zuwachs von Kriegsspielsachen gebracht. In den ersten Kriegsjahren erschienen in Inseraten Bauernhöfe und Menagerien nur noch ganz klein neben den fettgedruckten Spielzeugsoldaten, und bei Neuerungen wurden fast nur noch *auf den Krieg bezugnehmende Ideen* ausgeführt. An Stelle von Spielzeugtieren gab es Spielzeugsoldaten mit Schützengräben und Unterständen, und die Spiele der Zeit hießen *Kriegsbilderlotto, Kampf in den Lüften, Wer hält die Grenze, Im Schützengraben, Unsere U-Boote* usw.[22]

Im Zweiten Weltkrieg war es ganz ähnlich. Die Deutsche Spielwaren-Zeitung bringt zwar 1940 eine viertel Seite über *Das Landleben im Spielzeug*, schildert das einschlägige Spielzeugangebot und schließt mit dem Satz: *Im nationalsozialistischen Deutschland erblickt jeder im Bauernstande den Blutsquell deutschen Lebens. Und welche Bedeutung er heute im Kriege hat, brauchen wir nicht zu sagen.* Aber über Kriegsspielzeug wird in ganz anderen Dimensionen berichtet. 1943 erscheint beispielsweise ein zehnseitiger Artikel über *Wehrspielzeug und seine erzieherischen Aufgaben*.[23]

In der Nachkriegszeit trat das Kriegsspielzeug zurück hinter den technischen Spielsachen, die einen immer größeren Raum einnehmen. Heute wünschen sich wieder mehr Kinder Bauernhöfe und Tiere. Diese werden, wenn sie nicht aus kunstgewerblicher Holz-Produktion kommen, meistens aus Plastik hergestellt.

oben:
Miniatur-Bauernhof, Anfang 20. Jh.
Reifentiere; Bauernhaus Holz, bemalt, hohl
Erzgebirge

Mitte:
Schweinestall und Hühnerhof, um 1930
Naturholzzäune, Schweine, Hühnervolk und
»Liesel«, Hartmasse (Elastolin), Tiere z.T.
ungemarkt; Gebäude 20 cm hoch
O & M Hausser, Ludwigsburg

unten:
Stall 1952
1 Ochsen-, 1 Pferdegspann, 1 Leiterwagen;
Holz, natur bzw. rot lackiert, Tiere
schablonen-gespritzt; Gebäude 25 cm hoch

Stall, um 1910
mit Schweinekoben und Taubenschlag,
Holz, gestrichen, alle Gatter zum Öffnen,
Tauben aus Blei, übrige Tiere aus Papier-
maché/Masse mit Tuch-Schur; Stall 15 cm
hoch.
Erzgebirge

Ein Pferd für die Knaben

Vom Arbeitstier zum »Sportartikel«

Noch 1896 widmete Meyers achtzehnbändiges Konversations-Lexikon dem Pferd zusammen mit Reiterei und Reitkunst 28 Spalten, vier
Tafeln und zwei farbige Doppeltafeln. Dieser Informationsfülle entsprach die Bedeutung, die dem Pferd damals zukam. Heute, wo das
Pferd zu einem »Sportgerät«, die Reiterei zu einem Freizeithobby geworden ist, gönnt ihm Meyers fünfzehnbändiges Universal Lexikon
von 1984 mit Kavallerie und Reitsport bezeichnenderweise nur noch
knappe vier Spalten, eine Text- und eine Farbtafel.

Das Pferd spielte bis in unser Jahrhundert, bevor das Automobil
seinen Siegeszug antrat, in vielen Männerberufen eine wichtige
Rolle. Der Arbeitsgaul wurde vom Bauern, vom Waldarbeiter und
jedem, der seine Kraft brauchte, eingespannt; Kutscher, Stallknecht,
Hufschmied, Pferdezüchter und viele andere verdienten ihr Brot mit
dem Pferd; *die »Reiterei«, die zu Pferde fechtende Truppe, war die
zweite Hauptwaffe der Heere*, ist in Meyers Konversations-Lexikon
1896 zu lesen, und schließlich galt das Pferd als Statussymbol des
»Herrenreiters«.

Bis in die 30er Jahre unseres Jahrhunderts porträtierten Maler und
Fotografen die Knaben am häufigsten mit einem Pferdchen; denn
das Pferd stand für Männlichkeit, wie die Puppe der Mädchen als
Symbol für Mütterlichkeit verwendet wurde. Die Buben ritten auf
Stecken-, Schaukel- und Räderpferden, zogen ein Rößlein hinter sich
her oder stellten kleine Pferde auf. Das Pferd war eins der wichtigsten
Spielzeuge, geeignet zum Nachspielen vieler vor allem auch »helden-
hafter« Männerberufe.

Für Frauen hatte das Reiten lange Zeit eine geringere Bedeutung.
Gegen Ende des 18. Jahrhunderts wurde es jedoch zu einem leiden-
schaftlich betriebenen Modesport einiger weniger selbstbewußter
»Damen der Gesellschaft«. Man nannte diese Reiterinnen damals im
Anklang an das legendäre streitbare Frauenvolk Griechenlands
»Amazonen«. Das *Journal des Dames et des Modes* brachte über

Jahrzehnte Vorschläge für elegante Reitkleidung, die allerdings nie auf den knöchellangen Rock verzichtete, und die Frauen zwang, seitlich auf dem »Damensattel« zu sitzen. Das Reiten scheint den Frauen trotz dieser Unbequemlichkeit ein Gefühl von Freiheit und Stärke vermittelt zu haben, das oftmals über die Wirklichkeit des Alltags hinwegtäuschte. Als prominentes Beispiel kann die Bedeutung des Reitens im Leben der unglücklichen Kaiserin Elisabeth von Österreich, der berühmten »Sissi« gelten. In Irland und England nahm sie über Jahre an den wildesten Parforcejagden teil.[24]

Vom Privileg der Männer ist das Pferd über das Privileg einzelner Frauen, der Kaiserin, der Adeligen, der Gutsbesitzerin, der reichen Gattin schließlich bei jedermann, oder besser »jederfrau« angekommen. Die Freizeitindustrie hält Mietpferde bereit für alle. Alle, das sind heute mehr Frauen als Männer, denn für das Reiten interessieren sich seit Jahren vor allem Mädchen. Ihre Begeisterung gilt allerdings noch mehr dem Pferd als dem Reiten, die emotionale Zuwendung zum Tier, seine Pflege stehen im Vordergrund.[25]

reitendes Mädchen, um 1940
Foto anonym

Das Spielzeugpferd hat dementsprechend bei den Mädchen Einzug gehalten, während es bei den Buben von Autos und anderen technischen Geräten verdrängt worden ist. Das Interesse kleiner Mädchen an Pferden wird von der Spielzeugindustrie weidlich genutzt. Barbie und ähnliche Ankleidepuppen besitzen selbstverständlich mehrere Reitpferde, sportliche Braune und elegante Schimmel. Die Firma Hasbro bietet Mädchen ab 3 Jahren die Mitgliedschaft in einem *Pony-Mami-Club* an und animiert sie zum Sammeln vielfarbiger Ponys mit kämmbarer bunter Mähne. Für diese Pferde gibt es Party- und Jogging-Anzüge mit jeweils vier passenden Schuhen und auch regelrechte Frisier- und Schönheitssalons zu kaufen. Die fürsorglichen Gefühle, die kleine Mädchen zunächst für ihre Puppen oder Teddys entwickeln, lenkt man auf *Baby-Ponys mit erstem Zahn*. Für diese Ponys werden Baby-Spielzeug, Milchfläschchen, Beißring, Zahnpastatube, Zahnbürste und schließlich sogar Windelhöschen(!) angeboten.

Pony mit vielfarbigen Haaren, 1988
Plastik; im zweiteiligen hellblauen Jogging-
Anzug mit passenden Schuhen.
Fa. Hasbro

Räderpferd – Steckenpferd – Schaukelpferd

Im Kleinkindalter wurden noch keine Unterschiede zwischen Buben und Mädchen gemacht; beide ritten auf den Knien der Eltern und hörten Kinderreime wie *Hoppe, hoppe, Reiter, wenn er fällt, dann schreit er ...* oder Kinderlieder wie das bekannte *Hopp, hopp, hopp, Pferdchen lauf Galopp ...*, in denen Abenteuer und Spaß des Reitens besungen werden.

Die Spielzeugpferde zum Reiten waren dann aber vor allem für die Knaben da, als Steckenpferd, als Schaukelpferd und Räderpferd. Die zunächst eher kleinen Holzpferde zum Reiten wurden im Lauf des 19. Jahrhunderts immer größer und vermittelten einem Zwei- bis Sechsjährigen schließlich das Gefühl, ein »echtes« Pferd zu haben, vor allem, als es dann Ende des 19. Jahrhunderts *Pferde-Krippen und Stallkarren mit brauchbarem Stallgeräth* und sogar Pferdeställe von einem Meter Höhe gab, so daß ein Bub sein Pferdchen, das oft mit echtem Fell bezogen war, striegeln und »richtig« versorgen konnte. Ein solcher Stall kostete allerdings mit Ausstattung und zwei Fellpferden 1892 im Spielwarenladen Söhlke in Berlin den stattlichen Preis von 220,– M. und war entsprechend wenigen Kindern vorbehalten.

Für Räderpferde gab es Kufen zum Untersetzen, damit das Kind wahlweise auch darauf schaukeln konnte, denn Pferde auf Rädern, die jemand anderer ziehen mußte, konnten niemals die Beliebtheit der Stecken- und Schaukelpferde erreichen, welche dem Kind durch die selbständige Betätigung und den Schwung ein Hochgefühl von Freiheit, Kraft und Macht vermittelten, ja die Illusion, ein lebendiges Pferd mit Peitsche und Sporen anzutreiben.

Die Bezeichnung »Steckenpferd« wird in unserem Sprachgebrauch noch heute für eine geliebte Freizeitbeschäftigung verwendet; schon allein daraus kann man schließen, wie lieb früher einmal diese Pferdchen den kleinen Buben gewesen sein müssen! Ein gewöhnlicher Stecken zwischen den Beinen konnte dem Kind ein Pferd sein und mit ihm davongaloppieren. Diese Urform des Steckenpferdes wurde immer dann benutzt, wenn das Geld zu einem »richtigen« Steckenpferd nicht reichte.

Pferd mit abnehmbarem Sattel als Schaukel- oder Fahrpferd benutzbar
aus: Katalog Borho, um 1913, S. 54

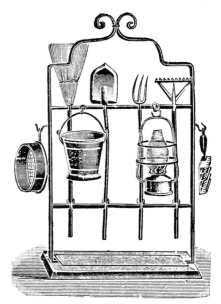

Spiel-Stallgeräte
aus: Katalog Borho, um 1913, S. 57

→

Pferd auf Räderbrett, 18. Jh.
Holz, geschnitzt, farbig gefaßt, Ledersattel und Zaumzeug, 54 cm hoch.
(Besitz: Historisches Museum, Frankfurt/M. X 25 190)

Bei Ägyptern und Griechen vermutet man bereits Stecken mit Köpfen, und im Mittelalter, das weiß man, war das Steckenpferd ein vertrautes Spielzeug. Auf Miniaturmalereien in kirchlichen Büchern der Zeit und auf Holzschnitten des 15. und 16. Jahrhunderts sind sie des öfteren zu sehen. Zur Ausrüstung der kleinen Reiter gehörten oft Windrädchen oder Fähnchen. Daß wahrscheinlich viele kleine Buben im 17. Jahrhundert Steckenpferde oder ersatzweise Stecken zum Reiten gehabt haben, geht aus einem von Hans Boesch 1900 in der Monographie *Kinderleben in der deutschen Vergangenheit* niedergeschriebenen Bericht hervor: ... *eine ganze kleine Armee ist einstmals auf diesen Pferden ausgeritten. Als in Nürnberg am 16. Juni 1650 auf der Kaiserburg der Friedens-Exekutions-Hauptreceß unterzeichnet wurde, welcher dem dreißigjährigen Kriege ein Ende machte, ward das Gerücht verbreitet, der kaiserliche Prinzipalkommissarius Oktavio Piccolomini, Herzog von Amalfi, werde allen Knaben, die am nächsten Sonntag auf Steckenpferden vor seiner Wohnung sich einfinden würden, eine Silbermünze schenken. In ganzen Schwadronen zogen daher die erfreuten Jungen auf ihren Steckenpferden an diesem Sonntag vor des Herzogs Wohnung auf. Als Piccolomini Aufschluß über diese Versammlung erhielt, freute er sich und bestellte das ganze Reiterheer auf den nächsten Sonntag. An diesem erschienen sie pünktlichst in noch größerer Anzahl, und jeder der Kleinen erhielt zum Andenken eine Klippe, die auf der einen Seite einen Steckenpferdreiter, auf der anderen den Doppeladler mit der Inschrift viv.Ferd.III Rom.Imp. zeigte.*[26]

Knabe auf dem Steckenpferd
Holzschnitt von Meister J. R., um 1600.
Kupferstichkabinett Berlin;
aus: Boesch, 1900, S. 65

Steckenpferd
gez. nach Nürnberger Spielzeugkatalog,
Mitte 19. Jh.

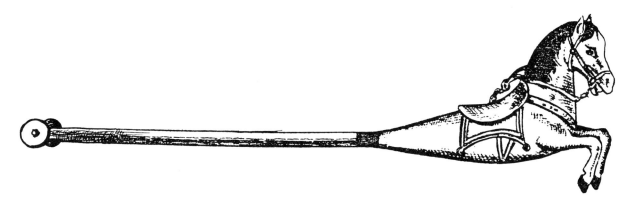

Steckenpferd, um 1910
Holz, gesägt, bemalt (Stock ergänzt; Lederzaumzeug; Kopf 33 cm hoch

Steckenpferd, »von Leder gemacht«
aus: Bestelmeier, 1803, No. 617
(Foto: Schweizerisches Museum für Volkskunde, Basel, VI 57049)

Viele Steckenpferdchen bestanden nicht nur aus einem einfachen Stock, sie hatten vielmehr einen kunstvoll geschnitzten oder aus Holz gesägten Kopf, manchmal auch einen kleinen Körper, an dem die Hinterbeine fehlten. Es gab auch Steckenpferde aus Stoff oder *... ganz von Leder gemacht und mit Roßhaaren gefüttert, damit Kinder, wenn sie auch fallen sollten, keinen Schaden nehmen können.* Georg Hieronimus Bestelmeier bot 1803 derartige Steckenpferde in seinem *Magazin von verschiedenen Kunst- und anderen nützlichen Sachen* an (No 617). Spielzeugkataloge des ganzen letzten Jahrhunderts hatten Steckenpferde in ihrem Angebot, und selbst in unserem Jahrhundert gab es noch Garnituren, bestehend aus einem Steckenperd mit Dreieckshelm, Trompete und Sporen. Doch ließ das Interesse am Pferd im Zeitalter der Fahrzeuge, Holländer, Roller, Fahrräder und Tretautos logischerweise immer mehr nach. Heute »fressen die Steckenpferde ihr Gnadenbrot« fast nur noch in Läden mit kunstgewerblichem Holzspielzeug.
Die Entwicklung des Schaukel- oder Wiegenpferdes als Kinderspielzeug dürfte mit der Produktion von Holzpferden für die beliebten

49

Pferdekarussells in Zusammenhang stehen (die wiederum zurückgehen auf das »Ringstechen«, das im Mittelalter vom lebenden Pferd und schließlich von Holzpferden aus geübt wurde). Bei den ältesten Schaukelpferden, wie beispielsweise einem Pferd aus dem frühen 17. Jahrhundert im *Museum of London*, ist zwischen zwei schrägstehenden halbrunden Holzscheiben ein Sitz angebracht, der vorne in einen geschnitzten Pferdekopf mündet. Bäuerliche Schaukelpferde hatten auch zu späteren Zeiten noch die charakteristischen Seitenbretter, als die Kinder der wohlhabenden Städter bereits auf Pferden mit ausgearbeiteten Beinen auf geschwungenen schmalen Kufen schaukelten.

Das sogenannte *Brettpferd* wurde dann ab 1900 von Künstlern erneut favorisiert. Wie das Steckenpferd hatte auch das Schaukelpferd Mühe, sich gegen die technische Entwicklung zu behaupten, die für Kinder immer mehr moderne Fahrzeuge bot. So begann es schließlich selbst zu »laufen«. Die Schaukelpferd-Hersteller setzten ihren Pferdchen nämlich Räder unter; es gab schon um 1890 ein *Draisinen-Pferd* (z.B. bei Söhlke 1892) und später *Fahrradpferde* (z.B. bei C. Niessner Wien, um 1910). Aber eine große Anzahl von Schaukelpferden blieben Pferde mit Kufen, die man nun aufgrund der unterschiedlichsten Mechanismen nun *selbst vorwärts bewegen* konnte.[27] Eins der schönsten Beispiele dafür ist das »laufende und lenkbare Schaukelpferd« der Zoo-Werkstätten in München von 1925.

Pferdchen mit Reitern

oben links:
Pfeifenrößl auf Räderbrett, 1938 (nach älteren Vorbildern), Holz, geschnitzt, bemalt, mit Federn, Schwanz = Holzpfeife; 14 cm hoch.
Berchtesgaden
(Besitz: Christine Vogel, München)

oben rechts:
Reiter, um 1900; Holz, geschnitzt, mehrfarbig bemalt, 11,5 cm hoch.
Gröden, Südtirol

unten:
galoppierende Pferdchen, um 1900; Holz, »Reifentiere«, Reiter gedrechselt, mehrfarbig bemalt, montiert auf Klingkästchen; dreht man die Holzkurbel, so bewegen sich die Pferde und das Kästchen »klingt«; 9 cm hoch
Seiffen, Erzgebirge
(Besitz: Christine Vogel, München)

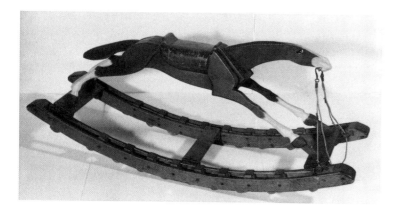

Laufendes, lenkbares Schaukelpferd, 1925
Entwurf, Oswald Pontius, Ausführung Zoo-Werkstätten, München;
(Foto: Vorarlberger Landesmuseum, Bregenz, Besitz: Claudia Högler, Bregenz)

Das »Pferd« wird beschlagen, 1927
Spiel im Kindergarten
Amateurfoto

Pferdchenspiel
aus: Lesebuch 1926, S. 40

Kurierpeitsche »kurz, mit Schellen«
aus: Katalog Borho, um 1913, S. 34

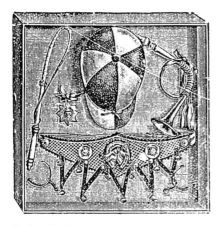

Jockey-Garnitur
»feines Leitseil, Horn, seidene Mütze usw.«
aus: Katalog Borho, um 1913, S. 35

Selbst ein Pferd sein

Eine weitere Variante des Pferdespiels war *selbst Pferd zu sein* in fantasievollem Spiel, wie es die Schriftstellerin Mechtilde Lichnowsky für ihre wilde Kinderzeit in den 80er Jahren des letzten Jahrhunderts beschreibt: *... sie war ein Pferd im Gefühl großer starker Kinnbacken, die sie manchmal lockerte, sie fühlte einen mächtigen Hals, den sie bisweilen – wegen der Mähne – schüttelte; wegen der Hufeisen ging sie vorsichtig die Treppe hinunter. Im Garten fühlte sie sofort die Lust, zu traben, Hindernisse wurden fliegend genommen, und im Laufen wußten Zunge und Zähne mit der Trense zu spielen, die gar nicht in ihrem Munde war.*[28] Für dieses Spiel in realistischerer Form strickten und häkelten nicht nur Mütter und Tanten lange Pferdeleinen, auch Kinder nadelten endlos mit ihren Strickliesln, um lange Leinen zustande zu bringen. Spielwarengeschäfte boten solche Leinen oder Leitseile mit Brustgurt in perfekter Ausführung an. Im *Illustrierten Katalog für Private über Nürnberger Spielwaren* offerierte das Spielwaren-Versandgeschäft A. Wahnschaffe, Nürnberg, 1895 *Leitseile zum Pferdchenspiel, fein Plüsch* oder *mit Nickelblech beschlagen, mit rotem Sammt garniert, geht über die Achseln, sehr elegant.* Das Angebot der Fa. Anton C. Niessner in Wien um 1910 war noch umfangreicher. Man konnte dort zwischen zehn verschiedenen »Pferdespielen« wählen: Beispielsweise eines *ganz aus Leder mit Lederriemen und Pferdekopf* vorne auf der Brust, andere *zum Anschnallen an den Armen mit Schellen und starken Lenkriemen, einspännig, zweispännig und sogar vierspännig.*

In allen Spielwarenläden gab es Reitgerten und Peitschen, manche wurden *mit Lederzopf, mit Schellen und Quasten* angeboten. Einen Eindruck von ihrer Pracht vermitteln Farblithographien in Nürnberger Musterbüchern des 19. Jahrhunderts.[29] Ganze *Garnituren für Jäger, Postillone, Pferdebahnkondukteure und Jockeys* wurden Ende des Jahrhunderts Mode, letztere *bestehend aus feinem Plüsch-Leitseil, Horn, Peitsche, Sammtmütze, Signalpfeife, Dekorationsorden, in elegantem Aufschlagekarton.* Mit diesen Gegenständen wurden Berufe nachgespielt. Nicht das Pferd spielt hier die Rolle, sondern der Reiter, der für seine »Arbeit« andere Kinder als Pferde »einspannt«.

Der Soldat – ein Reitersmann

Da das Pferd für Ritter und Soldaten im Krieg und bei Kriegsübungen lange eine große Rolle spielte, und die »Berittenen« immer in besonderem Ansehen standen, ist es kein Wunder, daß Pferdespiele oft mit dem Beruf des Kriegers zu tun hatten. Schon Kaiser Maximilian I. hat in jungen Jahren Turniere spielerisch auf einem Tisch ausgefochten, wie man durch den berühmten Holzschnitt H.Burgkmairs weiß, der die *Jugendspiele* des Kaisers im Weißkunig darstellt. J.P. Wich beschreibt dann 1847 in seinem didaktischen Kinderbuch *Steckenpferd und Puppe* unter dem Titel *Was ein Reitersmann haben muß* entsprechend kriegerische Gegenstände:

Ein Reitersmann muß haben:/ Ein Pferdchen, um zu traben,/ den Bügel, aufzusteigen,/ Den Zügel, auszuweichen,/ Den Sattel, fest zu sitzen,/ Die Peitsche, um zu fitzen,/ Die Sporen, um zu wecken,/ Den Helm, das Haupt zu decken,/ Die Lanze, um zu spießen,/ Pistolen, um zu schießen,/ Den Säbel an der Seiten,/ Dann kann er lustig reiten.

Die große Masse der Soldaten gehörte dem Fußvolk an, doch die Buben spielten Kavallerie.

Die kleinen Reiterheere, ob aus Zinn, Blei oder Holz, mögen die Kriegsbegeisterung gefördert haben. Auch bei den Indianer- und Cowboyfiguren (letztere in Europa vor allem nach dem 2. Weltkrieg verbreitet) hatte der »Held zu Pferde« eine wichtige Rolle. Aber wie die übrigen Aufstellspielsachen, die Pferdeweiden, *Pferdeschwemmen* oder die kleinen Pferdefuhrwerke dürften die Kinder auch ihre kleinen Reiterfiguren dazu benutzt haben, Reihen oder Gruppen zu bilden und Panoramen aufzubauen.

Turnierspiel auf dem Tisch nach Holzschnitt von H. Burgkmair (1473-1531): Jugendspiele Kaiser Maximilians I. im Weiß-Kunig.

Soldaten zu Pferde aus: Katalog Haußer (Elastolin), um 1930, S. 7

54

Kleine Pferde, Ställe und Zubehör

Unerwähnt geblieben ist noch die Masse der mittelgroßen, nicht zum Reiten gedachten Pferde. Es gab sie »zu allen Zeiten« in allen Qualitätsabstufungen, meist aus Holz oder Papiermaché; bemalt waren sie als Braune, Rappen, Schimmel oder Apfelschimmel, wenn sie nicht mit Stoff, Leder oder Fell bezogen waren. Zaumzeug und Sattel wurden manchmal nur aufgemalt oder aus Papier aufgeklebt, konnten aber auch aus feinstem Leder mit wirklichkeitsgetreuen Eisen- oder Messingteilen gearbeitet sein.

Diese Pferdchen waren zum Aufstellen oder Nachziehen gemacht und konnten teilweise auch eingespannt werden. In fast allen Spielwarenkatalogen des 19. und 20. Jahrhunderts finden sich für sie die verschiedenartigsten Fuhrwerke: Leiter-, Planen-, Sand-, Milch-, Bier-, Post-, Geschirr-, Wasser-, Spediteurwagen, Gemüse-, Kartoffel-, Gartenkarren und vielerlei Kutschen zur Personenbeförderung, beispielsweise Landauer, Einspänner, Jagdwagen, Cabriolets und Schlitten. Es gab für sie als Besonderheit kleine Schmieden, Fuhrwerkunternehmen und *Lohnkutschereien.* Faszinierend ist aber vor allem das vielfältige Angebot an Pferdeställen, die zahlenmäßig das Angebot an Bauernhöfen weit übertrafen. Man konnte eine Pferdebox, einen Stall für einige wenige Pferde, aber auch einen

Fuhrwerk mit Gespann
aus einem Nürnberger Spielzeugmusterbuch,
um 1850/60 (Pieske: Schönes Spielzeug, S. 95)

55

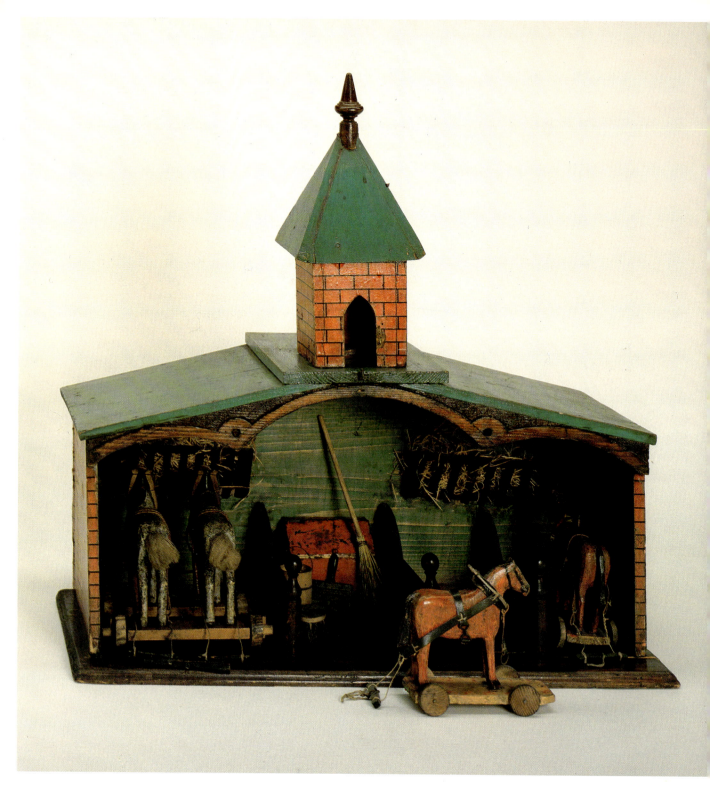

→
Schmiede
aus: Katalog Borho, um 1913, S. 56

Pferdestall, 2. Hälfte 19. Jh.
Haferkasten, Striegel und Bürste, Holzeimer
und Stallbesen; 2 Pferde auf Räderbrettchen, 1 Gespann mit Rädern, alle Pferde mit
Geschirr; Gebäude 55 cm hoch

ganzen Marstall kaufen. Den Spielwert dieser Pferdchen erhöhte das
Zubehör, das zur Verfügung stand, nämlich die *Stall-Garnituren*
und die vielen einzelnen Gegenstände, die *für Ställe passend* bei-
spielsweise bei dem renommierten Spielwarenhändler Söhlke in
Berlin zu haben waren. 1892 bot er sie folgendermaßen an: *Pferde-
Krippe mit Stallgeräth, zu 5 und 10 M; Stallgeräthe, kleines Format,
in Carton, von 1–3 M; Mistkarren, Forken, Besen, Gießkannen,
Eimer, Striegel, Kardätschen, Stall-Laternen, Futtersiebe, Herren,
Stallknechte etc.* Solche Dinge konnten allerdings auch billiger auf
den Weihnachts- und Jahrmärkten gekauft werden.

57

Hasenjagd
aus: Lesebuch, um 1910

»Der Jäger in dem grünen Wald, der schießt das Wild daher«

Das Jagdvergnügen

Elastolin-Tiere
aus: Katalog Haußer (Elstolin), um 1930,
S. 8

Unter den alten Spielsachen gibt es nur selten »Tiere des Waldes«, die friedlich zwischen den Bäumen sitzen oder stehen; die »Tiere des Waldes« waren fast immer zu Jagdszenen zusammengestellt. Im heutigen Spielzeug-Angebot ist die Jagd in europäischen Wäldern kaum mehr vertreten; an ihrer Stelle hat die Großwildjagd, beispielsweise von Playmobil produziert, die Kinderzimmer erobert. Die Safari in den Wildparks von Afrika spiegelt unsere auf Urlaubs- und Fernreise orientierte Welt oder deren Ersatz im »Safariland«. Allerdings hat es 1910 schon einmal eine Welle von Großwild-Jagd-Spielsachen gegeben, nachdem Theodor Roosevelts Jagdreise nach Afrika durch alle Zeitungen gegangen war.

Die Jagd hat in früheren Jahrhunderten tatsächlich im Leben der Menschen eine unvergleichlich wichtigere Rolle gespielt als heutzutage. Zunächst Privileg der Herrscher, wurde sie zu großen Treibjagden und zu regelrechten Hof-Festen mit unvorstellbarem Pomp ausgebaut. Es wurden große eingezäunte Wildparks, die »Thiergärten«, angelegt. Für deren Pflege, die Pflege des Wildes und die Verhinderung von Wildschaden waren Jagdgehilfen zuständig. Die Jägerei blieb jedoch nicht auf Dauer Privileg von Fürsten und Adeligen, sondern wurde in Frankreich nach der französischen Revolution und in Deutschland nach 1848 »Allgemeingut«, konnte aber schließlich aufgrund der hohen Pachtgebühren doch nur von den Wohlhabenden zum Vergnügen und zur Erholung ausgeübt werden. Verschiedene Jagdgesetze regelten im Lauf des 19. Jahrhunderts die Bedingungen, kümmerten sich um Wildschonung, um Wildschaden, vor allem um Wilderei, und verlangten Jagdscheine. An der Zahl dieser Jagdscheine läßt sich die Ausweitung der Jagd ablesen. 1850/51 waren beispielsweise in Preußen rund 80 000 Personen Inhaber eines Jagdscheines, 40 Jahre später waren es runde 180 000. Das war freilich immer noch eine relativ kleine Gruppe. Dazu kamen aber noch die »heimlichen« Jäger, die Wilderer, die in verschiedenen Landschaftsstrichen, besonders in Bayern und Österreich, so etwas wie Volkshelden waren.

Das arme Häslein

Die Bedeutung der Jagd für die Erwachsenen hatte auch ihre Auswirkung auf die Kinder. Diese erlebten sie – anders als heute – hautnah mit. Sie sahen, wie die toten Tiere mit ihren Einschußwunden angeschleppt wurden, wie man den Hasen das Fell über die Ohren zog. Sie erlebten aber auch die Begeisterung der Jäger und die Freude in der Küche über einen schönen Braten. So war das Verhältnis der Kinder zur Jagd zunächst zwiespältig. Bei den jüngeren überwog das Mitleid mit dem gejagten Tier, dem Häslein insbesondere. Es gibt Kinderlieder und unzählige Geschichten in Fibeln und Bilderbüchern, die dem gejagten Hasen gewidmet sind. Das Kind mußte mühsam lernen, Jagen und Verwerten der Tiere als etwas Selbstverständliches,

»Das Häschen im Kraut«
lebt im Kraut, wird geschossen, heimgebracht, gebraten und »im Kraut« aufgetischt.
Das Fell wird weiter verarbeitet.
aus: Jaede, 1857

als etwas »Normales« hinzunehmen, ebenso wie das Töten des »lieben Viehs« auf dem Bauernhof.

Charakteristisch für diese Bemühung der Erzieher ist das 1857 in Glogau erschienene Kinderbuch von Franz Jaede *Häschen im Kraut*, das von einem Häschen erzählt, *das zum Kraute schlüpft so gern*. Mit der liebevollen Schilderung des fröhlichen Häschenlebens im Kraut, das freilich dem Bauern schadet, wird das Häschen dem Kind immer lieber – doch dann: *Der Bauer hat ihm aufgelauert. / So oft bei Tag, so oft bei Nacht: / O welch ein Schreck! Ein Schuß erkracht. / Auf springt es noch, doch sinkt es nieder; / denn diesmal traf der Flinte Schrot. / Es schreit, es zuckt, es streckt die Glieder, / Da liegt mein Häslein, es ist todt! / Nun kommt der Mensch es zu benützen. / Der Bauer hebt es freudig auf ....* Verkauf, Hautabziehen, Ausweiden, Zubereiten – nichts wird ausgelassen, und schließlich wandert das Häslein, nun fein gespickt, wieder *in das Kraut*, das zum Braten gereicht wird. Weiter schildert das Kinderbuch ohne Sentimentalität die Verwertung von Pfoten, Fell, Haut und Haar als etwas Unvermeidbares, was allerdings nicht ausschließt, daß dabei zärtlich und mit Bedauern des Häschens gedacht wird.

»Die Jagd möchte ich haben!«

Die meisten Buben dachten schon in jungen Jahren weniger an die gejagten Tiere als vielmehr an die herrliche Jägerei. Sie waren begeistert vom wilden Dahinflitzen der Jäger auf Pferden bei der Parforcejagd, vom Kläffen der Hundemeute, dem Klang der Jagdhörner, dem Geschrei der Treiber und dem Triumph eines erfolgreichen Schützen.

Entsprechend der großen Bedeutung, welche die Jagd mit ihrem Drum und Dran vor Jahrhunderten hatte, ist es nicht verwunderlich, daß es schon früh Spielzeugjagden für Kinder gab, wenn auch vermutlich zunächst nur für auserwählte. Jedenfalls weiß man, daß 1572 der von der Jagd begeisterte Kurfürst August von Sachsen seinem Sohn zu Weihnachten eine umfangreiche Spielzeug-Jagd schenkte, die sich sehen lassen konnte: 13 Jäger mit zehn Pferden, einem Maulesel, einem Schlitten und einer Meute von 24 Hunden hetzten Sauen, Hirsche, Hirschkühe, Rehe, Füchse, Hasen und Wölfe, von denen jeweils 4 Stück vorhanden waren.[30]

Als Bestelmeiers Katalog 1803 verschiedene Spielsachen, welche die Jagd betrafen, offerierte, waren Jagden keine Besonderheit mehr. Im Warenlager eines Berchtesgadener Spielzeugverlegers hat ein »Reisender durch Deutschland« schon 1791 unter einem riesigen Warenangebot, das ziemlich sicher für eine breitere Bevölkerungsschicht bestimmt war, auch *Jagden* vorgefunden. Billig waren Bestelmeiers Spielsachen freilich nicht. Ein Jagd-Wagen mit zwei Pferden, mit Moos gepolstert und erlegtem Wild darauf, dazu ein Jäger und ein Bauer kostete immerhin 2 Gulden und 15 Kronen (No. 891).

Am beliebtesten scheinen Jagden auf Hochwild gewesen zu sein. Man konnte sie mit vielen Bäumen, Gebüschen, Hirschen, Rehen, Hunden und einem Jäger haben, oder als *Parforcejagd: Sie besteht aus folgenden von Pappendeckel ausgeschnittenen und schön gemalten Stücken: zwei Hirsche, ein Reh, fünf Hunde, zwei Jäger zu Pferd, zwanzig Bäume und mehrern Sachen.* Mit Kiste kostete sie 1 Gulden und 45 Kronen, aus Holz gearbeitet und bemalt dagegen fast doppelt soviel (No. 780).

Bestelmeier bot auch Jagden auf anderes Wild an, beispielsweise

Jagd
aus: Bestelmeier 1803, No 278

Jagdwagen
aus: Bestelmeier 1803, No. 891

Parforcejagd
aus: Bestelmeier 1803, No. 780

Eine Schweinshetze oder *Ein Kästchen, darinnen 3 Bäume, auf welchen viele Vögel sitzen, dabey sind 4 Jäger und 4 Hunde, ales kann auf einem Tisch in eine beliebige Ordnung gestellt werden... Dergleichen von Zinn.* Besonders attraktiv erscheint ein ganzer Wildpark für 2 Gulden (No 499), *Ein Thiergarten zum Aufstellen. Dabey befinden sich 9 Stück Thiere, als: 1 Hirsch, 1 Reh, 1 Haase etc. dann 1 Jäger, 25 Bäume, Hecken, und ein durchbrochenes Thor. Die Bäume und Hecken sind nicht von Moos gemacht, sondern die Blätter sind einzeln von feinen grünen Papier ausgeschnitten. Diese Art Bäume sehen sehr gut, und sind ungleich dauerhafter, als die von Moos.* Eine ähnlich große Jagd mit Bäumen und vielen Tieren und Figuren ist mit der zugehörigen Spanschachtel im Waldkirchner Musterbuch von ca. 1850 auf einer der wunderschön kolorierten Lithographien zu sehen. Als exotisches Angebot führte dieses Musterbuch eine Straußenjagd aus Holz, während bei Bestelmeier schon ein halbes Jahrhundert früher eine *Straußenjagd von ausgehauener Pappe und schön gemahlt, zum Zusammenstellen* zu finden war.

Eine dieser Jagden zu besitzen, scheint ein auch in späteren Jahrzehnten noch oft gehegter Bubenwunsch gewesen zu sein. Der folgende Ausschnitt aus einer Geschichte in *Herzblättchens Zeitvertreib* von 1887 illustriert diesen Traum: *Eines Tages blieben die beiden Knaben*

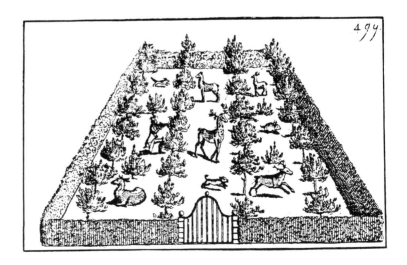

»Ein Thiergarten zum Aufstellen«
aus: Bestelmeier 1803, No 499
(Foto: Schweizerisches Museum für Volkskunde, Basel, VI 57049)

auf dem Schulwege vor der Auslage eines Spielwarenladens stehen und bewunderten eine daselbst aufgestellte Jagd. Es standen da Jäger, die entweder schossen oder die Flinte über die Schulter hängen hatten, braune und gefleckte Hunde, Häschen, die liefen oder Männchen machten, Hirsche, Rehe und vielerlei Bäume. Alle Figuren waren aus Pappe geschnitten und bunt mit Farbe bemalt. »Ei, wie hübsch! Die Jagd möchte ich haben!« rief Georg mit blitzenden Augen... »Man könnte alles jedesmal anders aufstellen und die Hirsche und Hasen mit Erbsen schießen wie im Kriege.« Beide konnten sich nicht satt sehen und standen lange vor dem Schaufenster. Dann sprachen sie auf dem Heimwege noch weiteres von der Jagd.[31]*

Diese Beschreibung ist typisch für die Spielzeugjagden. Sie bestanden nahezu immer aus kleinen Figuren zum Aufstellen und Gruppieren und wurden meistens durch Bäume erweitert. Als Material diente außer Pappe allerdings auch Brotteig, Masse und Papiermaché. Jagden waren auch aus Zinn zu haben. Aus Holz wurden sie sowohl frei geschnitzt wie auch als »Reifentiere« von gedrechselten Reifen abgespalten. Die Glasbläser schufen unzählige feingliedrige Hirsche, und ab ca. 1910 produzierten die Spielzeugmacher auch Jagden *in hochfeiner, ideal naturgetreuer Ausführung* aus *Patentmasse, fast unzerbrechlich, mit vielen Tieren, Bäumen etc.*[32]

Jagd, um 1935/40
Zinn, handbemalt, Jäger 4 cm hoch
Sima, (S. Maier) Fürth

Die »bewegliche Jagd«

Das Kind bewegt im Spiel zwar seine Tiere gern selbst, aber gerade für Jagdszenen, deren Wesen Aktion und Schnelligkeit ist, wurde folgerichtig von den Spielzeugmachern, besonders im Thüringischen und Erzgebirgischen, viel Selbst-Bewegliches entwickelt. Auf »Holzscheren« aus flachen Brettchen saß das Wild beispielsweise eng zusammen, Jäger und Hund direkt hinter sich. Drückte man die Enden der Schere zusammen, so schnellten die Tiere nach vorn, der Jäger als letzter blieb, wo er war. Eine andere einfache, aber effektvolle Montierung, bei welcher Wild und Hunde auf gebogenen Drähten über ihren Standbrettchen schwebten, führte bei jedem Verschieben der Tiere zu einer leichten Schaukelbewegung und schien sie lebendig zu machen.

Tiere des Waldes, Mitte 19. Jh.
Waldtiere und Wanderer mit Hunden aus Papiermaché/Masse, bemalt, Tiere mit Tuch-Schur (veloutiert); Bäume gedrechselt, gespahnt; Wanderer 8 cm.
Erzgebirge

Wald mit Tieren, um 1860
Tiere, Bäume und Holzhacker; Holz geschnitzt, farbig gefaßt, Holzhacker 11,5 cm hoch.
Grulich, Mähren (Tschechoslowakei)

Interessant sind in diesem Zusammenhang wieder einige Objekte im Katalog von Hieronimus Bestelmeier. Unter der Nr. 278 bildet er eines der in Sonneberg und im Erzgebirge lange hergestellten *Klingkästchen* mit Jäger und 2 Hirschen ab und nennt es *Klingendes Stück mit 3 bewegenden Figuren (No 278)*.

Er beschreibt andere Kästchen, deren Figuren von einer im Hintergrund versteckten *Sandmaschine* angetrieben werden, zum Beispiel einen *electrischen* Jäger, *welcher auf Befehl eines von denen 4 Stükken Wild schießt, die man verlangt, daß es niederfällt*. Bei der unter der Nr. 819 aufgeführten *beweglichen Jagd* scheint mit Hilfe eines Pendels Bewegung erzeugt zu werden. Sie ist *20 Zoll lang und 8 Zoll breit, das Ganze wird auf einen sich dabei befindlichen Weeg aufgesteckt, und die Holung bedeckt eine Felsenwand, die Hirsche, Reh, Haasen, Reuther und Hunde sind auf 2 Zoll lange Hölzgen, woran unten ein Bley hängt; steckt man nun solche in die Oefnung hinein, so machen sie eine auserordentlich lange Bewegung fort, welches Kindern sehr viel Vergnügen verursacht. Man kann aber auch wenn man will, das Wild hin und her laufen lassen.*

Jagd, Mitte 19. Jh.
Holz geschnitzt, bemalt
(Besitz und Foto: Schweizer Kindermuseum, Baden)

Jäger-Garnitur
»Mütze, Gamaschen, Jagdtasche, Flinte
usw.«
aus: Katalog Borho, um 1913, S. 35

»Schiess-Salon«, um 1910
Holz mit chromolithographisch bedrucktem
Papier, Stoff, Gewinne; 60 cm hoch

Selbst ein Jäger sein

Für Knaben gab es – wie schon im Zusammenhang mit der Reiterei erwähnt – um die Wende zum 20. Jahrhundert Uniformen aller Art. Es fehlte auch nicht die *Jagd-Garnitur*. Mit deren zugehörigen Teilen, einer Jägerkappe, einer Jagdtasche, einer Flinte, einem Hirschfänger, einem Pulverhorn, Gamaschen und einem Jagdhorn konnte sich ein kleiner Junge in einen echten Jäger verwandeln. 1892 wurde diese Garnitur zusammen mit einem Steckenpferd von dem Spielwarenhändler Söhlke in Berlin für 21 bis 34 Mark als Neuheit angeboten.

Auf eine weitere Möglichkeit »Jagd zu spielen« weist in der oben zitierten Geschichte aus *Herzblättchens Zeitvertreib* einer der beiden Jungen hin: *Man könnte... Hirsche und Hasen mit Erbsen schießen* sagt er zu seinem Freund. Tiere als Zielscheiben wurden von Bestelmeier schon 1803 als Spiel angeboten: *Ein mechanischer Schießplatz mit den vorbeylaufenden Hirschen; wenn man den Hirschen, welcher hinter eine Hecke angehängt ist, loß läßt, so läuft solcher alleine auf die entgegengesetzte Seite, während dem muß man solchen schießen. Dabey ist ein Blasrohr nebst einigen Polsten* (No 1015). Derartige Schieß-Spiele haben – vergleicht man die Spielzeugangebote in den Katalogen durch die Jahrzehnte – den Aufstelljagden deutlich den Rang abgelaufen und bilden in den ersten Jahrzehnten unseres Jahrhunderts allmählich eine neue Kategorie, den Schießsport, der als preiswertes unblutiges Volksvergnügen auch bei den Erwachsenen oft die teuere Jägerei ersetzte. Als Zielscheiben dienten im großen wie im kleinen oft noch Nach- und Abbildungen von Tieren.

Die wilden Tiere

Menagerien und Zoologische Gärten

Schon früh kamen einzelne wilde Tiere als Geschenke nach Europa – Harun al Raschid soll Karl dem Großen (geb. 742) einen Elefanten geschickt haben; mit Sicherheit weiß man, daß im 15. Jahrhundert Papageien verschenkt und daß der Stadt Amsterdam damals von Kaufleuten Löwen gestiftet wurden. Auch im Rahmen der Kreuzzüge, vor allem aber von Entdeckungsreisenden brachte man exotische Tiere mit. In Frankfurt ist beispielsweise 1443 auf der Messe ein Elefant gezeigt worden.

Das Vorführen einzelner exotischer oder auch einheimischer wilder Tiere gehörte bald zum Geschäft der Schausteller; zu den vertrauten Bildern vom Bärentreiber, vom Leierkastenmann mit dem Äffchen und vom Savojarden mit dem Murmeltier kamen die umherziehenden Menageriewagen, die den Leuten auch außerhalb der Großstädte exotische Tiere vorführten. Ferdinand Freiligrath (geb. 1810) berichtete als Neunjähriger in einem Brief an seine Großmutter von einer derartigen Tierschau in Detmold: *Am Markttage war hier vieles zu sehen, mein lieber Vater erlaubte mir aber nur, die ausländischen Thiere zu sehen; er meinte, Narrheiten könnte ich noch genug in der Welt zu sehen bekommen; dafür brauche ich jetzt kein Geld auszugeben. Ueber die Thiere habe ich mich aber recht gefreut; da gab es Affen und Kameele, Papageien und Antilopen, auch war ein Eisbär dabei. Letzterer war ein grimmiges Thier, du wärest wohl bange geworden, wenn du ihn gesehen hättest, aber es hätte nichts zu sagen gehabt, denn er konnte mit seinem Springen und Brüllen doch nicht durch den wohlverwahrten Käfig kommen.*[33]

Abgeschlossene *Tiergärten* (später Wildparks) und *Menagerien* (später Zoologische Gärten) mit einer großen Zahl einheimischer und ausländischer Tiere gehörten bis ins 18. Jahrhundert zu den Besonderheiten der europäischen Höfe. Sie dienten zunächst nur der Jagd- und Schaulust der Fürsten und ihrer Gäste.

Zootiere, 1893/1920
Bleilegierung, hohl gegossen, mehrfarbig bemalt, Vogel Strauß 8 cm hoch.
Britains Ltd., London / John Hill & Co, London
(Privatbesitz)

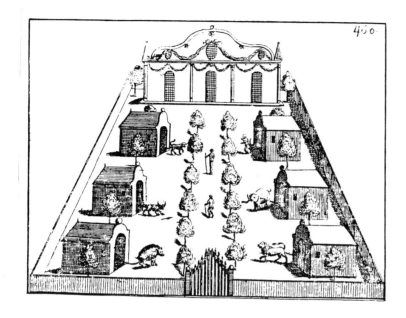

»Eine Menagerie«
aus: Bestelmeier, 1803, No 460
(Foto: Schweizerisches Museum für Volkskunde, Basel, VI 57049)

Ende des 18. Jahrhunderts begann man in Paris erstmals eine derartige Menagerie auch wissenschaftlich zu nutzen. 1828 wurde der Londoner Zoologische Garten gegründet, der Amsterdamer zehn Jahre später und der Antwerpener bald darauf. Der erste Zoo in Deutschland entstand in Berlin. Er wurde 1843 mit staatlichen Mitteln eingerichtet, wurde wissenschaftlich genutzt und war der Allgemeinheit zugänglich. In Frankfurt stifteten 1858 Privatleute einen Zoo für die Öffentlichkeit. Alle größeren Städte richteten schließlich eigene Tiergärten ein.

Bärentreiber
aus: Bestelmeier 1803, No 908
(Foto: Schweizerisches Museum für Volkskunde, Basel, VI 57049)

Die »fremden Tiere« im Kinderzimmer

Der *Bärentanz* und *fremde Tiere* gehören zu den frühen Spielsachen, die sich sowohl in Bestelmeiers Magazin von 1803 finden wie auch im Sonneberger Spielzeugmusterbuch von 1831. In diesem letzteren Katalog werden exotische Tiere unter den Kategorien *Figuren auf Bälgen* und *feine, klingende, bewegende und fahrende Spielwaren* angeboten: Elefanten, Kamele und Giraffen stehen mit ihren winzigen Führern, den *Türken* und *Mohren*, auf Bälgen, die man zusammendrücken und damit zum Tönen bringen kann, oder sie sind *klingend* auf einer Spieldose montiert. Löwe, Tiger und Leopard konnten auf ihren Räderbrettchen nachgezogen werden.

Eine großer Zoo ist bei Bestelmeier unter der Nr. 460 abgebildet und folgendermaßen beschrieben: *Eine Menagerie mit 12 verschiedenen wilden Thieren, als: ein Löwe, Elephant, Bär, etc. Ein jedes hat sein eigenes Haus, und ist an einer Kette angehängt, dieser Häuser sind 7, und von verschiedener Größe, sie sind gut gemalt, und hohl, um*

Zoologischer Garten, Mitte 19. Jh.
Holz, bemalt
(Besitz und Foto: Schweizer Kindermuseum Baden)

die Thiere darinn auzubewahren, welches Kindern und jungen Leuten viel Vergnügen verschaffen wird. Dabey befinden sich 12 Stück Mauern, ein durchgebrochenes Thor, 22 Stück Bäume, 2 Wärter etc. in allen 57 Stück. Kostet mit Kasten 5 Gulden, 30 Kronen. Dieser Beschreibung und Abbildung ähnelt ein fast 50 Jahre später im Erzgebirge hergestellter Zoologischer Garten, der als kolorierte Lithographie die Tafel 72 des Waldkirchner Musterbuches ganzseitig füllt. Auch hier sind die einzelnen Tiere wie Hofhunde an ihrer kleinen Hütte angekettet.

Neben den Zoologischen Gärten, die aus einzelnen Häuschen, Käfigen und Zäunen zusammengestellt waren, wurden später auch kompakte Menageriehäuser mit und ohne Zugtiere angeboten. Eines davon, *Barnum's Great Menagerie*, ein mit kannelierten Säulchen unterteiltes zweistöckiges Gebäude, links und rechts mit je einem hohen Käfig für den Elefanten und die Giraffe, ist seit dem ausgehenden 19. Jahrhundert über Jahrzehnte in Spielwarenkatalogen beschrieben und abgebildet worden. Franz Heinrich Klodt führte diese Menagerie schon 1892 im Katalog der Deutschen Lehrmittel-Anstalt

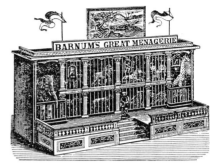

Barnum's Great Menagerie
»die Käfige zum Öffnen; 67 cm lang«
aus: Katalog Borho, um 1913, S. 67

←
Zoologischer Garten mit Seewasser-Aquarium
Zinn
aus: Katalog Borho, um 1913, S. 24

Zootiere 1920/25
(Wärter um 1940) plastische Hartmasse über Drahtgerüst, bemalt; Lama 10 cm hoch.
Elastolin, O. & M. Hausser, Ludwigsburg bzw. Lineol, Brandenburg

Zoo, um 1910/15
Wärter und Tiere aus Masse (leicht), bemalt, mit Glasaugen, Huftiere mit Holzbeinen; Raubtierhaus (Bastelarbeit) Luffabäume, Bärlapp-Topfpflanzen, Naturholzzäune (teilweise ergänzt); Zebra 9 cm hoch.
Vorläufer der Elastolin bzw. Lineol-Figuren

Frankfurt, *mit Gallerie, Podium mit Treppen, die Käfige zum Öffnen in bester Ausführung.* Bei einer Länge von 65 cm und einer Höhe von 55 cm sollte sie über 10 Mark kosten, für *dasselbe ganz groß* wurden 30 Mark verlangt.

Die Zoo- bzw. Menagerietiere konnten natürlich auch einzeln in verschiedenen Größen und in unterschiedlichen Materialien gekauft werden. Wie die Haustiere wurden auch sie beispielsweise aus Papier auf Ausschneidebogen angeboten. Man zog diese auf Karton oder Pappe auf, schnitt sie aus und versah sie dann mit einem hölzernen Standklötzchen. Solche *Menagerien in Kartonbildern* werden in Autobiographien manchmal erwähnt.[34] Die älteren Bogen waren meistens kolorierte Lithographien, später wurden Chromolithographien gedruckt. Damit das Kind etwas zum Bemalen hatte, waren auch schwarzweiße Bilderbogen zu haben, auch ausgestanzte und blindgeprägte Figuren zum Bemalen, denen Aufstellfüßchen aus Messing und gestanzte Haus-Teile, sowie Stäbchen zum Zusammensetzen beigegeben waren.

In großem Umfang wurden die wilden Tiere natürlich aus Holz geschnitzt und gedrechselt, später auch aus Flachholz gesägt und gepreßt; sie wurden unbemalt und bemalt verkauft; es gab exotische Tiere aus Papiermaché, lackiert oder »veloutiert«, Tiere mit Stoff, Leder oder Fell bezogen und natürlich auch solche aus Zinn. In unserem Jahrhundert wurden wiederum neue Materialien wie Masse und Zelluloid und in den letzten Jahrzehnten Plastik dafür verwendet.

Nashorn, 2. Hälfte 19. Jh.
Pappmasché mit Tuch-Schur bestreut, Augen und Maul bemalt; 5,5 cm hoch
Thüringen

Tiere auf Räderbrettchen, Ende 19. Jh.
Reifentiere, Naturholz, Räder Zinn; Hirsch 8,5 cm hoch
Erzgebirge

Löwe, um 1910
dünnwandiges Celluloid, bemalt; 8,5 cm
hoch

Zoo, um 1935/40
Flachholz, geprägt, gespritzt, teilweise be-
malt; Strauß 9 cm hoch
Erzgebirge

Zoo, um 1920
Eisenblech, gestanzt, schablonen-gespritzt,
Giraffe 9,5 cm hoch

Humpty Dumpty Circus
Blatt aus einem Katalog um 1930
(Besitz: Schweizer Kindermuseum, Baden)

Spielzeug-Zirkus

Während Zootiere friedlich in ihren Gehegen stehen durften und die Kinder damit zufrieden waren, die Tiere in die Käfige zu ordnen und immer wieder neu zu gruppieren, mußte es in einem Zirkus möglich sein, die Vorderfüße des Elefanten auf ein Podest zu stellen, den Pudel Männchen machen zu lassen und den Ziegenbock auf eine Leiter zu plazieren. Tatsächlich produzierte man für den Zirkus überwiegend bewegliche Figuren und Tiere. (Ausgenommen sind natürlich alle Miniatur-Zirkusszenen.)

In den 90er Jahren des letzten Jahrhunderts wurden große Zirkus-Sortimente zu einer favorisierten Neuheit im Spielzeugangebot, und zwar zunächst als *Affentheater* und als *großer amerikanischer Zirkus*, den Abbildungen nach wahrscheinlich aus Papiermaché. Einen durchschlagenden weltweiten Erfolg hatte dann 1903 der *Humpty Dumpty-Cirkus* der Firma A. Schoenhut & Co. in Philadelphia mit seinen aus Holz gedrechselten Figuren, Tieren und Zubehörteilen. Es wurden verschiedene Kästen mit einer Grundausstattung angeboten, die dann laufend ergänzt werden konnte. An Tieren gehörten ursprünglich Elefant, Esel, Pferd, Hund und Löwe zum Zirkus. Als jedoch nach wenigen Jahren eine *Humpty Dumpty Menagerie of Wild Beasts* auf den Markt gebracht wurde mit Zelt, Raubtiergitter und einer Menge anderer lebensnaher Tiere, konnte auch der Zirkus mit diesen Tieren erweitert werden. Giraffe, Büffel, Tiger, Leopard, Zebra, Nilpferd, Alligator, Bär, Strauß, Affe und Kamel kamen damals dazu.[35]

Tiere des »Humpty Dumpty Circus«, um 1910
Holz, gedrechselt, teilweise beschnitzt, bemalt, durch Gummizüge voll beweglich, Krokodil 31 cm lang.
Albert Schoenhut, Philadelphia (Nilpferd und Strauß, Besitz: Historisches Museum Frankfurt am Main)

Zootiere, um 1880/90
Saffianleder und Fell über Papiermaché/Holz-Körpern, bemalt, Glasaugen; zugehöriger Eichenholzzaun mit Zinnbeschlag; Elefant 13,5 cm hoch.

Interessant ist, daß diese wilden Tiere erst Jahre später zu einem Verkaufserfolg wurden, als nämlich die Jagdexpedition des Expräsidenten Theodor Roosevelt nach Afrika 1909 die Presse zu detaillierten Beschreibungen und naturgetreuen Illustrationen hinriß, und sich daraus international ein Boom im Geschäft mit exotischen Spielzeugtieren entwickelte. Schoenhut kombinierte unter dem neuen Titel *Teddys Adventures in Africa* die schon genannten wilden Tiere mit Roosevelt und seinen Begleitern, stattete sie mit Tropenanzügen und Flinten aus und fügte noch einige Schwarze mit Speeren hinzu.[36]

Bei allem Erfolg dieser Zusammenstellung blieb die Beliebtheit des Humpty Dumpty Zirkus unerreicht. Er wurde noch in den 30er Jahren weltweit exportiert. Kein Wunder, daß andere Spielwarenfirmen schon bald versuchten, an diesem Erfolg teilzuhaben. 1910 wurde ein *Neuer deutscher Holzzirkus*[37] verkauft *mit hochfein ausgeführten, äußerst originellen, beweglichen Figuren in verschiedenen Zusammenstellungen*, der Schoenhuts Zirkus peinlich ähnlich sah; nach 1945 imitierte der Würzburger Spielefabrikant Funcke mit *Bimbo und Barani* erneut den so erfolgreichen Humpty Dumpty Zirkus.[38]

Nach einem Höhepunkt der Zirkus-Begeisterung in den 20er Jahren ließ das Interesse nach. Erst in neuerer Zeit hat der Zirkus wieder Freunde bei Groß und Klein gefunden, dementsprechend werden heute wieder Zirkus-Manegen, -Wagen, -Figuren und -Tiere hergestellt, nun vor allem aus Plastik.

»Der Elephant«
aus einem Kinderbuch, um 1840/60

Was der Humpty Dumpty Elefant kann!
Ausschnitte einer Katalogseite um 1930
(Besitz: Schweizer Kindermuseum, Baden)

78

Der Elefant

Der Elefant war immer ein Liebling der Kinder, er hat verständlicherweise mit seiner imposanten Größe und Stärke eine besondere Faszination auf sie ausgeübt. Daß er dabei gutmütig, dressierbar und irgendwie »kindlich« ist, gefiel natürlich besonders und spielte auch in vielen Geschichten, Gedichten und Bilderbüchern eine Rolle, wie zum Beispiel in Hey's *Noch 50 Fabeln für Kinder* (1837):

Elephant du hast so große Gewalt,
Wohl hundert Menschen bezwängst du bald,
Und lässest dir doch von uns Kindern allen
Das Ansehen und das Fragen gefallen,
Thust Alles, was dein Herr befiehlt,
Und freust dich, wenn er mit dir spielt.

Der Elefant ist wahrscheinlich dasjenige exotische Tier, das als Spielzeug am meisten verkauft wurde. Er gehörte zu den besonders beliebten Nachziehtieren aus Holz und Stoff, wurde auch als Reittier auf Rädern in Plüsch und Filz verkauft und fehlte in keinem Spielzeugzoo, keiner Tierschau und kaum einem Zirkus. Er war das Zugtier der Menageriewagen. Im letzten Drittel des 19. Jahrhunderts wurde er zum Behälter aus Papiermaché für ein komplettes Kegelspiel in Tiergestalt, das aus der aufklappbaren Rückendecke entnommen werden konnte. Mit einer *Menagerie im Bauch* verkaufte das Spielwarengeschäft Wahnschaffe in Nürnberg 1895 einen derartigen Elefanten für 30 Mark. Er wird so beschrieben: ... *auf Rollen, 45 cm hoch, mit Leder überzogen und mit feinem Sattel. Derselbe kann geöffnet werden und im Innern seines Körpers befinden sich noch 10 Stück ff. wilde Tiere, mit Fell überzogen und ein Tierbändiger.*[39]

Jumbo, der laufende Elefant, 1930
Blech, zum Aufziehen (Blomer & Schüler, Nürnberg; die Firma fabrizierte vorher nur Laufwerke)

Arche Noah, um 1900
Blechdose, chromolithographisch bedruckt,
27 cm hoch.
(Besitz: Historisches Museum, Frank-
furt/M., X 82:547)

Die Arche Noah und ihre Tiere

Die Arche – ein Sonntagsspielzeug

Die Geschichte Noahs ist eine besonders farbige und dramatische Erzählung des Alten Testaments und wurde verständlicherweise zu einem beliebten erzählerischen und bildnerischen Motiv der Volkskunst[40] und schließlich im 19. Jahrhundert ein beliebtes Spielzeug. Die Arche als Aufbewahrungskasten, die vier Menschen- und die Tierpaare in großer Zahl waren ein ideales »Aufstellspielzeug« und eigneten sich hervorragend dazu, vom feiertäglich gekleideten Kind am Sonntag auf dem Tisch aufgereiht und geordnet zu werden. Die Erzieher konnten gleichermaßen zoologische Information wie religiöse Erbauung daran knüpfen. Durch die Herkunft des Motivs aus dem alten Testament blieb das Spiel jedoch überwiegend mit der biblischen Erzählung verquickt. Vor allem im puritanischen Amerika und victorianischen England soll die Arche zu den wenigen erlaubten Sonntags-Spielzeugen gehört haben.[41] Nur in dem lustigen Gedicht, das Heinrich Hoffmann 1851 seiner Zeichnung vom Auszug der Tiere aus der Arche in *König Nußknacker und der arme Heinrich* beigegeben hat, ist die Erzählung von der Sintflut keine beschauliche Sonntagsgeschichte, sondern eher eine Moritat, die so endet:

Eins ist, was wir tröstlich fanden,
Daß es bei uns trocken war,
Während unsre Anverwandten
Sind ertrunken ganz und gar.
Das Ertrinken, das ist gräulich;
So zu sterben ohne Sarg!
In der Arche war's abscheulich;
aber doch nicht gar so arg.

Ein anderes deutsches Kinderbuch, *Richard's Noah Kasten*, das 1860 erschien, also ebenfalls zur Zeit der weitesten Verbreitung dieses

Spielzeugs, zeigt den damals üblichen Umgang von Erwachsenen und Kindern mit der Spielzeug-Arche und soll deshalb auszugsweise wiedergegeben werden. Die Erzählerin wendet sich an die kleinen Leser und berichtet zunächst von ihrem Patenkind Richard: *Er hatte einen Noahkasten… In allen Spielläden finden sich Noahkasten in Menge und auf dem Weihnachtstische ist er ein gar beliebtes Geschenk. Gewiß wurde Euch auch schon einmal einer bescheert, und die verschiedenen Thiere darin haben Euch eben so viel Freude gemacht wie meinem Richard! Er liebte die Bären und Löwen am meisten und bei Namen konnte er sie fast alle nennen. Sonst aber wußte er nicht viel von ihnen.*

Dies nahm die Tante zum Anlaß, dem Kind, das die Tiere *jubelnd* ausschüttete und aufstellte, nach einer langen Einleitung, die mit dem Paradies beginnt und mit dem Bericht von den immer böser werdenden Menschen endet, die eigentliche Geschichte des Noah aus der Bibel zu erzählen:

… Da ward (Gott) endlich sehr zornig und beschloß, die Menschen zu bestrafen und sie Alle auf einmal von der schönen Erde fortzunehmen.

Nur Noah fand Gnade vor seinen Augen… Darum erschien Er ihm eines Tages und sprach zu ihm: »Mache Dir einen Kasten und mache Kammern darin und verpiche sie inwendig und auswendig, denn siehe ich will eine Sündfluth kommen lassen zu verderben alles Fleisch. Aber mit Dir will ich einen Bund aufrichten und Du sollst in den Kasten gehen mit Deinen Söhnen Sem, Ham und Japhet und mit deinem Weibe und Deiner Söhne Weibern. Und Du sollst in den Kasten thun allerlei Thiere, daß sie lebendig bleiben, und du sollst allerlei Speise zu Dir nehmen, daß sie Dir und ihnen zur Nahrung sei«. Und nun zeigte er ihm ganz genau, wie er den Kasten einrichten müsse, daß er unten wie ein Schiff sei, damit er schwimmen könne auf dem Wasser und oben wie ein Haus mit Fenstern und einer Thür im Dach. Und dann befahl er den Thieren, daß sie herbei kämen, immer zwei und zwei von jeder Sorte, und den reißenden Thieren, daß sie zahm blieben die ganze Zeit und artig in den Kasten gingen und Noah gehorchten. Und Noah sagte Er, wie er sie füttern müsse und den Kasten wohl verschließen.

Arche Noah, Ende 19. Jh.
102 »weiße« Reifentiere, beschnitzt (aus naturbelassenem Weichholz), von manchen Tierpaaren sind nur noch einzelne, von Noah, seinen drei Söhnen und den vier Frauen drei Figuren übrig geblieben.
Arche aus gebeiztem Holz mit aufgeklebten »Intarsien« (Fenster und umlaufende Zierleiste unterhalb des Daches), Seitenwand aufschiebbar; 28 cm hoch.
Seiffen, Erzgebirge
(Besitz: Luise Stiegel, Rödermark)

Schließlich kam die Sintflut – und als sie zurückging, ließ Noah zunächst einen Raben als Kundschafter und dann eine Taube ausfliegen. Weil beide keinen Platz fanden, *auf dem ihr Fuß ruhen konnte,* schickte er nach weiteren sieben Tagen wieder eine Taube aus, die mit einem frischen Ölblatt zurückkehrte: *Die Gewässer waren gefallen...* *Also ging Noah heraus mit seinem Weibe und seinen Söhnen und seiner Söhne Weibern, dazu allerlei Thier, allerlei Gewürm, allerlei Vögel und Alles, was auf Erden kriecht, das ging aus dem Kasten.* Noah aber brachte dem Herrn Opfer dar, und dieser zeigte als Symbol der Versöhnung einen siebenfarbigen Regenbogen. *Nach dem Opfer aber zerstreute sich die Gesellschaft. Das Band, welches sie zusammengeknüpft, war gelöst, und der Löwe mit allen wilden Thieren kehrte zurück in die Wälder, die Vöglein flogen davon, um ihre Nester zu bauen, und nur die guten Rinder, die ehrlichen Schafe und die treuen Pferde und Hunde blieben bei Vater Noah, wie sie noch jetzt als brave und nützliche Hausthiere bei den Menschen wohnen.*[42]

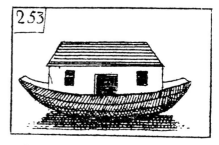

»Die Arche Noa«
aus: Kat. Bestelmeier 1803, No 253

Entwurf für eine Arche Noa
von Richard Halbreiter
aus: Die Kunst, 8. Bd. 1903, S. 457

»Thiere von allerley Art«

In den gleichen religiös/beschaulichen Bereich gehörte vermutlich auch ein selteneres Spielzeug, das *Paradies*, welches wie die Arche die zahmen und die wilden Tiere vereinen konnte und keiner Käfige und Gehege bedurfte. *Das Paradies zum Aufbauen*, das in Bestelmeiers Magazin von 1803 beschrieben und als großer Garten abgebildet ist, bestand aus 4 Figuren, *42 Stück Thieren allerley Art, und 5o Bäumen.* Wahrscheinlich glichen diese Tiere den 100 Figuren, die einer ebenfalls aufgeführten vermutlich ziemlich großen Arche beigegeben waren. (Eine solche Menge geschnitzter Tiere brauchte schon ihren Platz!) Der Abbildung nach war sie ein einfaches Haus auf einem rundlichen Schiffskörper, dem Typ nach vielleicht aus Oberammergau kommend (No 253). Eine größere Arche mit mehreren Zimmern, einer Küche und Ställen wird in einer anderen Ausgabe von Bestelmeiers Katalog erwähnt, ist dort aber leider nicht abgebil-

Die Tiere, die Richard Halbreiter zu seiner Arche entworfen hat

85

det.[43] Wir haben auch vom Aussehen der ältesten Spielzeug-Arche, von der es Nachricht gibt, keine Ahnung: Ludwig XIII. (geb. 1601) soll sie als Kind gefüllt mit Tieren aus Glas, Ton, Elfenbein und Holz und einem Rudel Jagdhunden besessen haben.[44]

Die Arche Noah war zunächst ein kostbares, einzeln angefertigtes Spielzeug. Mit der Erfindung gedrechselter Reifen, von denen man Tiere massenweise abspalten konnte, war in der ersten Hälfte des 19. Jahrhunderts eine effektive und damit billigere Produktion der Arche-Tiere möglich geworden. Um die Jahrhundertmitte fertigte man bereits Archen für die verschiedenen Geldbeutel in sehr unterschiedlichen Qualitäten und mit einer mehr oder weniger umfangreichen Tierschar, wie die schön kolorierten Spielzeugmusterbücher der damaligen Zeit bezeugen.

Gerade von den größeren Archen mit umfangreichen Tierbestand haben einige – obgleich sie sicher seltener waren als die billigen – die Jahre bis heute überdauert. Sie kommen aus vermögenden Familien, in denen gute Qualität gekauft werden konnte; ihre meist weniger zahlreichen Kinder hatten außer den Archetieren noch eine Menge anderer Spielsachen und spielten zudem häufig unter Aufsicht.

Die Zahl der ursprünglich weit über 100 Tiere ist in diesen alten Archen freilich meistens etwas dezimiert, und von manchem Paar ist nur ein Tier übrig geblieben. Aber ihre Schönheit und die sorgfältige Schnitzarbeit und Malerei sind noch zu sehen. Immer ist das Charakteristische jeder Gattung herausgeholt, obgleich es sich um Reifentiere handelt, deren Technik ja eigentlich eine gewisse Einheitlichkeit bedingt. Neben den bekannten Tieren, den Elefanten, Giraffen, Kamelen und Löwen sind auch seltene Tiere aufgenommen, die in den zoologischen Werken der Zeit ihre Vorbilder haben. Von Vögeln sind diese Archen in Scharen bevölkert; die kleinsten Tiere, die Insekten, Käfer, Spinnen und Schmetterlinge sind schwächer vertreten – dafür aber in erstaunlicher Größe!

Grundsätzlich waren die Tiere der Archen dieselben wie sie Menagerien, Bauernhöfen, Vieh- und Pferdeställen, Weiden und Jagden beigegeben wurden: Sie waren je nach Preis einfacher oder sorgfältiger ausgeführt, unbemalt oder bemalt.

Die Arche selbst war gleichzeitig Aufbewahrungsschachtel, entsprechend den Holzkästen und Spanschachteln (vor allem im Erzge-

Bemalte Arche
aus: Katalog Gamage's 1906, S. 155

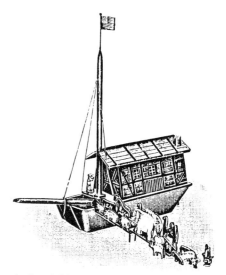

Arche mit Mast
Fein bunte Tiere. Länge 28-46 cm
aus: Katalog Hermann Kurtz 1912, S. 56

Arche auf flachem Brett
aus: Katalog Gamage's, 1906, S. 155
(Brettarchen sind auch im Sonneberger Spielzeugmusterbuch von 1831 abgebildet)

birge), in denen kleinteilige Spielsachen früher allgemein angeboten wurden. Sie war manchmal nur ein Haus auf einem Brettchen, meistens aber auf einen Schiffskörper gesetzt; teilweise war sie bleibeschwert und *schön lakirt, damit man solche aufs Wasser setzen kann*, wie Bestelmeier annonciert. Nach der Darstellung in der Bibel richteten sich die Archenbauer jedenfalls fast nie; schon eher bestimmte die Gegend, aus der sie kamen, das Gepräge: Die Oberammergauer Arche glich einem hochbordigen Schiff mit hohem Aufbau, die Berchtesgadener hatte ein oberbaierisches Haus zum Vorbild, und die erzgebirgischen Spielzeugmacher orientierten sich am mitteldeutschen Steildachhaus.

Es gab schließlich auch Archen aus Blech, die chromolithographisch mit Tieren bedruckt waren. Die großen, manche davon über 50 cm breit und fast 30 cm hoch, wirken wie Keksdosen. In den 20er Jahren hat die Blechwarenfabrik Emil Kraus in Schwarzenberg im Erzgebirge solche Archen in kleineren Größen auch mit Blechtieren gefüllt verkauft. Diese waren nur von einer Seite farbig bedruckt und recht bescheiden geprägt.[45]

»Arche Noah mit Stall- und Zimmer-
Einrichtung ganze Länge 54 cm«;
aus: Katalog Borho, um 1913 S. 67 (auch im
Katalog Wahnschaffe 1895, S. 111)

Archenbauer im Erzgebirge

Von allen Holzspielzeugzentren war das Erzgebirge am intensivsten in die Archenproduktion eingestiegen. Hier hatte sich Mitte des letzten Jahrhunderts – mit der allgemein zu beobachtenden Spezialisierung der Produktionsstätten – der Beruf des Archenbauers herausgebildet. Das gesamte Dorf Hallbach, das vorher ein Bauern- und Weberdorf war, hatte sich allmählich auf die Herstellung von Archen umgestellt. Innerhalb der Archenbauer wurde nochmals unterschieden zwischen der Schreinertätigkeit der eigentlichen Archenbauer und den Archenmalern, welche die fertigen weiß grundierten Archen geliefert bekamen. Die Muster wurden nach Vorlagen aufgetragen, welche die Händler, in der Hausindustrie »Verleger« genannt, auswählten. Ein Detail jedoch wurde der biblischen Geschichte entsprechend nie weggelassen, die Taube mit dem Ölzweig im Schnabel. Sie wurde auf das Dach jeder Arche gemalt.

Die Frauen trugen dann die fertige Ware in hoch bepackten Körben in die nahegelegenen »Verleger«-Orte Olbernhau und Grünhainichen.

Karl-Ewald Fritzsch, Sohn eines Archenbauers und späterer Volkskundler, erzählt in seinen 1976 nach seinem Tod gedruckten autobiografischen Notizen, daß er samstags, wenn seine Eltern die Ware ablieferten, beobachten konnte, was mit den Archen weiter geschah: *An den großen Packtischen eines weiten Lagerraumes schichteten Frauen und Mädchen nach dem Musterblatte jeweils eine Anzahl Figuren und Reifentiere auf ein Polster von Holzwolle und Seidenpapier in die offenen Archen. Nach biblischem Vorbild mußten es 8 Figuren sein... Dazu wurden 50 bis 192 Paar Reifentiere gepackt.*[46]

Holztiere im Karton
aus: Katalog Gamage's 1906, S. 154

Die Arche – ein Verkaufsschlager

Wasserdicht verpackt in riesengroßen Kisten wurden die Archen verschickt in aller Herren Länder. Die Engländer hatten eine Vorliebe für die Arche Noah, so weiß Charles Dickens zu berichten. Die Kataloge der Warenhäuser, ob in England, Frankreich oder Dänemark,

Reifentier
Holz, »gestochen«; 6,5 cm hoch
Seiffen, Erzgebirge

wiesen selbstverständlich auch Archen aus. In Amerika leitete der Montgomery Ward Katalog 1895 sein Angebot an Archen mit dem Slogan ein, daß die Arche schon seit der Sintflut ein »Renner« sei und einer bleiben dürfte bis zum Weltuntergang. Die amerikanische Spielzeugfirma R. Bliss bot 1911 *Amerikanische Archen* in drei Größen an. Sie waren wie alle Produkte dieser Firma aus Holz gemacht und mit chromolithographisch bedrucktem Papier bezogen. Jede dieser Archen wurde mit einer Anzahl »importierter gemalter Figuren« geliefert, die wohl aus dem Erzgebirge kamen.

Doch trotz all dieser Erfolge war Ende des 19. Jahrhunderts die beste Zeit der Spielzeug-Arche schon vorbei. Verleger und Spielzeugmacher hatten wohl versucht, mit Qualitätsverbesserung einen Kaufanreiz zu schaffen, sie waren auch auf Moden eingegangen, hatten beispielsweise Ende des 19. Jahrhunderts reagiert auf die neue Vorstellung vom »Natürlichen und Einfachen«, welche damals das unbemalte, gebeizte Holz der bunten Bemalung vorzuziehen begann. Um eine handwerkliche Verbesserung hatte man sich auch durch Aufsetzen von unterschiedlich gebeizten Furnierteilen an Simsen und Fenstern oder durch Musterung mit Strohintarsien bemüht. Aber es nützte alles nichts.

In kleinerem Rahmen muß es freilich noch lange Interessenten gegeben haben, denn Spielzeugarchen finden sich noch in Katalogen der späten 20er Jahre. Sie waren damals auch als Miniaturen geschätzt. Schließlich wurden sie ab den 50er Jahren wieder vermehrt hergestellt – besonders in Berchtesgaden – allerdings mehr für Liebhaber der Volkskunst als für Kinder.

Amerikanische Arche
mit bedrucktem Papier bezogen
aus: Katalog Bliss Toys 1911

entsprechende Gummi-Pudel wurden noch
lange verkauft
aus: Kat. Schmincke & Haase, um 1930,
S. 139

Säugling mit Gummi-Pudel, um 1900
Cabinetfoto, Gustav Schlegel, Jägerndorf

Spielzeugtiere für die Kleinsten

Kinder-Rassel

Rasseln, auch Schlottern, Klappern und Scheppern genannt, gehören zu den ältesten bekannten Kinderspielsachen. Sie waren lange Zeit aus Silber gefertigt und mit vielen Glöckchen behängt, ihr Griff war oft aus Koralle, galt diese doch als ebenso unheilabwehrend wie der Lärm, den dieses Spielzeug verursacht. Die einfachsten Rasseln bestanden aus einem kugel- oder birnenförmigen Behälter, der aus Ton, Holz oder engmaschigem Weidengeflecht gefertigt, mit rasselnden Körnchen gefüllt und mit einem Griff versehen war.

Auch Rasseln in Tierform schenkte man den Kindern. Klappernde Tontiere waren bereits in der Antike bekannt und wurden in Gräbern der Bronzezeit gefunden.[47] Im späteren 19. Jahrhundert erfreute man die Kleinkinder mit Kanarienvögeln oder Papageien aus farbigen Tuchläppchen, die auf einem *Quietscher* mit Griff saßen (entsprechend den Harlekinpuppen).

Mit Beginn unseres Jahrhunderts nahm dann eine wahre Massenproduktion von Rasseln in allen nur erdenklichen Formen ihren Anfang. Sie basierte auf neuen Materialien, die einerseits beliebig formbar und andererseits den hygienischen Forderungen der Zeit entsprechend gesundheitlich unbedenklich waren. So ein idealer Stoff war Celluloid; es war leicht und abwaschbar. Am häufigsten wurden Kugeln aller Art mit Celluloidgriff in den verschiedensten Mustern hergestellt. Manche Kugeln waren mit Tieren, zum Beispiel Vögeln kombiniert, in andere waren Tiere eingeprägt; aber es gab auch naturalistisch geformte Tiere ohne Griff, gefüllt mit Klapper-Körnern. So wurden Kuckuck, Eule, Affe und Hund als *Rasseltiere in Pozellan-Imitation* 1911 von der Firma A. Hagedorn & Comp. angeboten; 12–14 cm große Katzen, Hasen, Bären und Enten *in naturgetreuer Modellierung, in Farbe und Ausführung dem Kopenhagener Unterglasur-Dekor gleichend* führte die Rheinische Gummi- und Celluloidwarenfabrik in ihrem Katalog von 1913. Beißringe mit eingefügten Tieren wie Hase, Hündchen, Schwan und Storch hat man

Baby-Rassel
silbernes Kätzchen an Celluloid-Beißring; 9,5 cm hoch

verschiedentlich hergestellt. Aber alle diese Tiere wurden an Beliebtheit übertroffen von den Enten, die oft Rasseln und Schwimmtiere zugleich waren – sie werden bis in unsere Zeit verkauft.

Quietschtiere aus Gummi

Ein anderes Material, zum Teil von denselben Firmen produziert, eignete sich für Babyspielzeug besonders: Gummi. Tiere aus diesem Material waren unzerbrechlich, das Kind konnte sie werfen und nach Herzenslust darauf herumbeißen. Man hat schon in der Mitte des letzten Jahrhunderts damit begonnen, Spielzeug aus Gummi herzustellen. 1859 zeigt der Katalog der Gummi-Spielzeugfabrik Albert Cohen, Vaillant & Co. in Hamburg-Harburg bereits eine große Auswahl von Menschen- und Tierfiguren, außerdem Bälle in Form von Katzen- und Hundeköpfen.[48]

Da Gummi starken Alterungsprozessen unterliegt, haben sich diese alten Spielsachen nicht erhalten. Sie scheinen übrigens zunächst von der Substanz oder der Bemalung her ungesund gewesen oder dafür gehalten worden zu sein, denn ab 1890 wurde die Unschädlichkeit der neuen *rothen Gummi-Thiere* als *Spielwaaren für Babys* immer wieder betont. Verschiedene Geschäfte in Berlin führten sie, beispielsweise Emma Bette Bud & Lachmann, mit einer Spezialabteilung für Baby-Artikel, sowie der Spielwarenhändler G. Söhlke. Er annoncierte damals *Thiere von Gummi, als: Hunde, Schafe, Katzen, Kühe, Pferde, Hähne, Tauben, schaukelnde Affen und Vögel,* und wenige Jahre später konnte man bei einem Nürnberger Spielwarenhändler die gleichen Tiere aus grauem Gummi kaufen, dazu noch Vogel,

Babyspielzeug, um 1920/25
aus dünnwandigem Celluloid, bemalt;

oben von links nach rechts:
Teddybär mit beweglichen Gliedern (Japan);
Stehauf im Material gefärbt, Sockel beschwert; Rassel/Beißring mit Häschen,
11 cm hoch

unten von links nach rechts:
Ente, zugleich Rassel (Japan), 10 cm hoch;
Goldfische

Gummi-Quietschtiere
aus: Kat. Schmincke & Haase, um 1930, S. 139

Storch, Hahn und Henne *in bemalt*. Nach dem 2. Weltkrieg gab es zunächst immer noch solche natürlich aussehenden Tiere aus »Gesundheitsgummi« mit eingebauten Quietschen, aber schließlich wurden sie doch von Walt-Disney-inspirierten Geschöpfen aus Weichplastik abgelöst.

Stehauf-Figuren

Hatten die Kinder erst einmal das Liegealter hinter sich, gab man ihnen besonders gern Stehauf- oder Wackelfiguren. Mögen die kleinen Händchen noch so unbeholfen und ungeschickt damit umgehen, die stehen immer! Wirft das Kind sie um, so kommen sie nach einigem Hin- und Herpendeln von selbst wieder hoch, denn das im Boden eingebaute Gewicht hält den Schwerpunkt tief.

Hergestellt wurden sie aus den unterschiedlichsten Materialien, aus Holz, aus Papiermaché, aus Filz und Plüsch, und manchmal war inwendig eine kleine Glocke versteckt, die beim Wackeln in Schwung geriet. Ab 1900 wurde Celluloid zum bevorzugten Material. Gockel, Störche, männchenmachende Hasen, Hunde und Katzen waren als Stehauf die beliebtesten Tiere.

Tiere zum Nachziehen, um 1935
beim Fahren bewegen die meisten Tiere Kopf und Schwanz (Exzenter); die auf getrennten Brettchen montierten Gänse (hinten Mitte) werden dagegen auf und ab und vor und zurück bewegt, sodaß sie einander nachzulaufen scheinen; Holz, starkfarbig gespritzt und bemalt; mittleres Entchen 11 cm hoch.
Erzgebirge

Stehauf-Kätzchen, um 1925
Celluloid, bemalt; 4 cm hoch

Wippender Vogel, um 1910
Holz geschnitzt, teilweise farbig bemalt;
12 cm hoch; Beine feststehend
Gröden, Südtirol

Schaf, 2. Hälfte 19. Jh.
Holz, geschnitzt, teilweise schwarz bemalt;
3,4 cm hoch; zieht man am Schnürchen, so
hebt es den Kopf
Gröden, Südtirol

Nicken und wackeln, pendeln und laufen

Ideen muß man haben

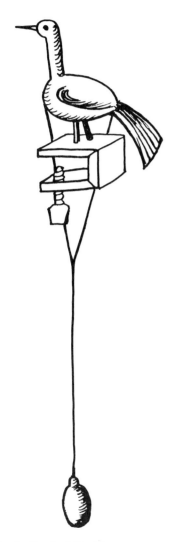

Nickender Vogel mit Pendel
nach Sonneberger Spielzeugmusterbuch 1831

Wollte man größere Kinder fesseln, mußte schon etwas mehr los und möglichst etwas Kurioses mit im Spiel sein. Der Mensch hat zwar an sich Spaß an Beweglichem und Tönendem, aber der Überraschungseffekt ist dabei die Würze. Dieser war auch von jeher Anreiz und Chance für die Spielzeugmacher.

Die Grundprinzipien der klassischen Mechanik wurden über Jahrhunderte in den verschiedenen Spielzeugzentren, Oberammergau, Berchtesgaden, Sonneberg, Seiffener Winkel und Grödener Tal genutzt. Ohne theoretisches Wissen, aber aus Erfahrung, konnten die Spielzeugmacher mit Flaschenzug, Hebelarm, schiefer Ebene und Pendel umgehen und Schwerkraft, Zentrifugalkraft und Reibung in ihren Produkten zur Wirkung bringen. Balance, Beharrungsvermögen und Gewichtsverlagerung bewirkten »fast« selbsttätige Bewegungsabläufe. Zum Glück aber bedurften diese hölzernen Spielsachen noch der Mitwirkung des Kindes. Ziehen, Schieben und Stoßen brachte die Dinge ja erst in Schwung.

Mit Gewicht, Pendel und der geschickt geknoteten Schnur schufen die Spielzeugmacher witziges Bewegungsspielzeug von eindrucksvoller Einfachheit. Der *nickende Vogel* ist vielleicht das älteste, schon in frühen Musterbüchern abgebildete Tier in dieser Technik. Immer wieder kam Neues dazu, beziehungsweise Vergessenes wurde neuentdeckt. 1910 berichtet die deutsche Spielwaren-Zeitung, daß *seit kurzem als sehr gute Neuheit ... sogenannte Schwenktiere und -Figuren im Grödener Bezirk erzeugt werden. Es sind dies 1 oder 2 auf einem Querbrettchen angebrachte Figuren, welche durch einen Bindfaden mit einer hölzernen Kugel verbunden, letztere als Pendel in schwingende Bewegung gesetzt, die natürliche Bewegung eines fressenden oder Kopf und Schweif bewegenden Tieres ... veranschaulichen.*[49] Pendelspielzeuge, auf denen mehrere Tiere in der Runde sitzen, wurden vor allem in Rußland und während des 2. Welt-

97

Pendel-Spielzeug

rechts oben:
Kater und Hund, um 1925
Kopf und Schwanz beweglich; Holz, gesägt,
gebeizt/bemalt;
Laubsägearbeit nach Vorlage;

links:
Bärenschmiede, 2. Weltkrieg
Hartfaserplatte, Bären aus Holz, geschnitzt,
bemalt, mit Pendel 29 cm hoch;
Arbeit russischer Kriegsgefangener
(Besitz: Gertrud Ullmann, München)

rechts unten:
Pickhühner, um 1925, Holz, gesägt und geschnitzt, mehrfarbig bemalt.

Steckengaukler
nach E.Ille, 1858 (Münchner Bilderb. Nr.226)

Schwänzelndes Gliedertier
nach Holzspielsachen-Musterbuch, um 1870

→
Zug/Schiebe-Spielzeuge, um 1900
geschnitzt; Böcke 12 cm hoch
Gröden, Südtirol

krieges von russischen Fremdarbeitern und Kriegsgefangenen gemacht.

Eine besondere Kuriosität stellten sogenannte *Steckengaukler* dar,
Figuren und Tiere, besonders Äffchen, mit beweglichen Gliedern,
die an einem langen Stab verschiebbar sind und bei geringem Auf-
wand erstaunlich effektvolle Bewegungen ausführen können. Lange
bekannt sind auch andere Schiebefiguren, *Bärenschmieden* genannt,
die bis in unser Jahrhundert hinein gern als Reiseandenken verkauft
wurden. Zwei parallel-laufende Leistchen führen je eine Figur, beispielsweise zwei schmiedende oder abwechselnd sägende und
hackende Bären, oder einen Bauern, der auf einen Ochsen ein-
schlägt. *Ochsenschläger, Schmied und stossende Böcke* werden für
Berchtesgaden schon 1791 in einem Reisebericht erwähnt.[50]

Nicht zu vergessen sind die Hampelmänner, die allerdings in Tiergestalt nicht so häufig waren, und die *schwänzelnden Tiere*. Ihre Körper wurden in viele Abschnitte unterteilt und die einzelnen Stücke
dann mit Leder oder Gurt untereinander beweglich verbunden. Für
Schlangen und Dackel wählten die Spielzeugmacher besonders gern
diese Machart! Auf einem einfachen Bewegungsprinzip mit Überra-

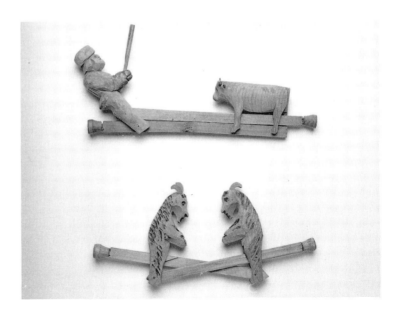

99

Struppi
Inserat in der »Spielzeug-Lade« 1947

schungseffekt beruhen auch die *Scheren*. Sie sind beweglich aus sich kreuzenden Leistchen zusammengesetzt, auf denen Tiere oder andere Figuren eng beieinanderstehen. Drückt man nun die Enden der Schere zusammen, so stellen sich alle Leistchen längs, und dadurch schnellen die Tiere nach vorn. Die älteren Scheren sind meistens mit Soldaten besetzt; in den 20er Jahren unseres Jahrhunderts bevorzugte man dann eine *Fasanenjagd* oder einen *Gänsedieb*.

Tiere aus gedrechselten, verschieden geformten Perlen, von Gummi oder Schnüren zusammengehalten, wurden in den 30er/40er Jahren unseres Jahrhunderts zu einem reizvollen beweglichen Spielzeug. Auf einem Sockel stehende kleine Perlen-Tiere, wie *Struppi, der akrobatische Fabelhund*, waren dann in der Nachkriegszeit von allen Kindern begehrt. Heute sind solche *Trickfiguren* aus Holz oder Plastik wieder zu haben. Der Boden des Sockels ist über Fäden mit den Gliedmaßen des Tieres verbunden und durch eine starke Feder in Position gehalten. Drückt man nun mit dem Daumen gegen den Boden, so schiebt sich die Feder zusammen, die Fäden werden locker und das Tier »bricht zusammen«; oder, geht man zarter vor, wackelt es nur mit dem Schwanz.

→

»Scheren« um 1920/35
Holz, genagelte Leistchen mit gedrechselten, beschnitzten, mehrfarbig bemalten Figuren; die Scheren sind zusammengeschoben 6,5 und ausgezogen 18,5 cm lang.
Olbernhau, Erzgebirge

rechts hinten:
beim Tauben füttern
(Besitz: Christine Vogel, München)

vorne:
Fasanenjagd
(Besitz: Annemarie Bähr, Frankfurt)

Pendel-Papagei, um 1925
Gewicht in der Schwanzspitze; Blech, geprägt, gespritzt und bemalt, 29 cm hoch

Spielzeug-Tiere sollten laufen können

Kinder haben es gern, wenn ihre Tiere wie »echt« hinter ihnen her-
gehen. Und da des Kindes Wunsch des Spielzeugmachers Geschäft
ist, lernten die Tiere tatsächlich laufen! Auf ebener Strecke halfen
Räder, die direkt an den Beinen oder an einem untergesetzten Brettchen montiert wurden. Raffiniert mit den Gliedmaßen verbundenes
Gestänge (Exzenter) bewirkte hoppelnde oder watschelnde Gangart,
ließ den Kopf drehen und den Schwanz wackeln. In den 20er und 30er
Jahren nutzte man gerade diese Technik besonders gern.
Auf einem schräg gestellten Brett vermochten Spielzeugtiere, waren
ihre Beine entsprechend beweglich eingehängt und ihr Gleichgewicht
ausgeklügelt, sogar ohne Räder Schritt um Schritt von alleine zu gehen; gab man ihnen noch ein Gewicht an langer Schnur, das über den
Tischrand herabhing, so trippelten sie auch auf ebener Fläche vor
sich hin. An Fäden geführte Tier-Marionetten, von der Firma Steiff
ca. 1910 in Plüsch als »Pantom«-Tiere auf den Markt gebracht, wurden Jahre später auch von anderen Branchen, zum Beispiel von den
Holz verarbeitenden Zoo-Werkstätten in München produziert. Bewegliche Papp-Spielzeugtiere stellte man vor allem in schlechten Zeiten her. Darunter sind erwähnenswerte Tiere mit Laufrollen und
einem kleinen Gewicht, die auf einer Schnur abwärtsgleitend *origi-
nelle Laufbewegungen ausführen*, wie Fritz Ernst Neumann aus Berlin seine *FEN*-Tiere 1947 charkterisierte.

»Carl« mit Nachziehkuh, 1878
Visitfoto, Theodor Huth, Frankfurt/M.

Lauftiere, 1947
Holz gedrechselt, bemalt; Hund 10,5 cm
hoch; sie können auf einer Schräge laufen
(Beine beweglich)
R. F. Neumann, Cattersfeld, Thür.

102

Kletternde Schweinchen, um 1900
aus dem Spiel »Hoki-Poki!« (J. W. Spear &
S., Nürnberg); Holz, geschnitzt, bemalt;
3 cm hoch; Hinterbeinchen über Schnüre und
Rollen mit Stahlfeder verbunden
(Besitz: Ursula Werner, Dreieich)

Tigerpaar zum Nachziehen, um 1925
Holz gesägt, gepreßt, Brandmalerei; 13 cm
hoch; Stifte am rückwärtigen Rad heben
beim Fahren die Tiger abwechselnd hoch

Großes Schaf zum Nachziehen, um 1890
Holz, geschnitzt, farbig gefaßt; 27 cm hoch
(erneuerte Räder)

Den ideenreichen Holzspielzeugherstellern erwuchs durch die Blechspielzeug-Industrie mit ihren tausend neuen Möglichkeiten schon in der 2. Hälfte des 19. Jahrhunderts eine bedrohliche Konkurrenz, denn gerade auf dem Gebiet der beweglichen Spielsachen war sie unbestreitbar überlegen. Nicht zu vergessen ist allerdings, daß schon vor der Ära der industriellen Blechspielzeug-Produktion Figuren und Tiere durch Feder und Uhrwerk laufen konnten. Die meisten dieser »Spielwerke« waren im 18. Jahrundert wohl noch fantastisches Spielzeug reicher Erwachsener, aber um 1800 kauften vermögende Eltern kleinere Exemplare vielleicht auch schon für Kinder. In Bestelmeiers Katalog waren sie allerdings 1803 noch ziemlich teuer: *ein Bologneserhund auf einem Kästlein, welcher bellt, den Kopf bewegt, die beyden Pfoten, so wie auch eine nach der andern giebt*, kostete 1 Gulden 12 Kronen, *ein selbstlaufender Hund* (No 814) 5, und *ein durch Uhrwerk herumlaufendes Eichhorn* (No 624) immerhin 12 Gulden. Dieses ganz aus Messing bestehende Uhrwerk ließ sich so einstellen, daß sich das Eichörnchen nach Wunsch geradeaus oder im Kreis bewegte. In der gleichen Ausführung war auch eine Maus zu haben.

Für die Kinder einer breiten Bevölkerungsschicht liefen dann schließlich gegen 1900 die Hunde, die Katzen und die Mäuse um die Wette, wackelten mit dem Schwanz, dem Kopf oder vollführten andere Kunststücke.

Das Tier hat allerdings – verglichen mit den technischen Spielsachen – in der Blechspielwaren-Produktion nur eine geringe Rolle gespielt. Trotz allem ist die Menge schöner Blechtiere nicht zu unterschätzen, die als Zugtiere vor allerlei Blechgefährte gespannt waren. Pferde, Esel, Vogel Strauß, Hahn und Zebra fanden so in großen Mengen

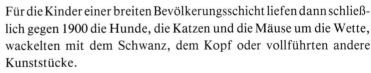

Krokodil mit wackelndem Unterkiefer,
um 1915
Blech, lithographisch bedruckt; 16 cm lang

Störrischer Esel, Ende 19. Jh.
Blech, lith. bedruckt, Federwerk, 13 cm hoch
E. P. Lehmann, Brandenburg (D.R.G.M. 5,
usw.)

Hase, um 1935
Blech, lith. bedruckt, Glasaugen; 6,6, cm
hoch; aufziehbar (hoppelt)

Hund, um 1930
Blech, lithographisch bedruckt; 6,8 cm hoch;
aufziehbar (läuft, wackelt mit dem Schwanz)
Keim, Nürnberg

104

»Jolly, springt durch Luftdruck«
aus: Katalog Borho, um 1913, S. 50

Gluck + Glack, bewegen sich unaufhörlich
aus: »Spielzeug-Lade« 1948 (K. Arnold &
Co., Metall-Spielwaren-Fabrik, Nürnberg)

Aufziehbare Tiere, um 1920

Tanzmäuse, um 1930
aufziehbar, die Maus hebt tanzend ihr Junges über den Kopf; Blech, Samt/Filz bezogen, 11 cm hoch.
Schuco, Nürnberg

Elefant, um 1925
tanzt, bewegt Kopf und rechtes Bein; Holz
und Pappe, mit Plüsch bezogen, Glasstoß-
zähne und -augen, 15 cm hoch

über Jahrzehnte Absatz. Auch laufende Hunde, kletternde Affen, schwirrende Vögel und krabbelnde Käfer sind in den Katalogen der verschiedenen Blechspielzeugfirmen vor allem des 20. Jahrhunderts zu finden und haben den Kindern viel Vergnügen bereitet. Vom künstlerischen und pädagogischen Gesichtspunkt aus sind Blechtiere freilich immer abgelehnt worden.

Die Plüschtier-Branche versuchte schließlich nach 1910 ebenfalls selbstlaufende Tiere zu entwickeln. Sie orientierte sich zum Teil an den Tieren aus der *Fabrik mechanischer Blechspielwaren*, da diese die tollsten Sprünge machen konnten. So entstanden auch Kombinationen aus Blech und Stoff. Schreyer & Co, »Fabrik feiner beweglicher Filz- und Plüschspielwaren« in Nürnberg (später Schuco) brachte als junge Firma 1913 *TIPP TAPP Hupf-Tiere* heraus, die *an der Leine geführt mitspringen*. Auch *ohne Mechanik laufende Tiere* wurden von den Nürnberger Stoff-Spielwaren-Fabriken Kohler & Rosenwald und Josef Pitrmann 1913 angepriesen. Aber sie dürften es nicht leicht gehabt haben, Schritt zu halten mit den damals ebenfalls *ohne jedes Federwerk naturgetreu die Bewegungen der Tiere nachahmenden Trippel-Trappel-Tieren* der Gebrüder Bing, dieser alteingesessenen renommierten Nürnberger Blechspielwarenfabrik.

Doppelstöckige »Reitschule«, um 1900
Holz, gedrechselt, bemalt, »Klingkästchen«;
Seiffen/Erzgebirge
(Besitz: Christine Vogel, München)

Auf den Ton kommt es an

Klimpern und bellen

Ein großer Teil der Spielzeugtiere konnte sich nicht nur lebensecht bewegen, sondern auch eine recht natürliche Stimme ertönen lassen. Die frühen Tiere piepten und quiekten allerdings meistens nicht selbst, sie saßen vielmehr auf Kästchen, in welche ein Geräusch machender Mechanismus eingebaut war. Diese oft mit kleingemusterten Buntpapieren bezogen Kling-, Klimperkästchen oder Leiern wurden mit Handkurbel angetrieben. Nach der Fülle des Angebots in den Musterbüchern des 19. Jahrhunderts, vor allem derjenigen aus dem Meininger Oberland, der Gegend um Sonneberg, zu schließen, sind diese »klingenden Spielwaren« ein erstklassiger Verkaufsschlager gewesen.

Die Schriftstellerin Fanny Lewald (geb. 1811) beschreibt in ihren Lebenserinnerungen, *welchen Eindruck es auf ein Kind macht, wenn es seiner ganzen kleinen Erfahrung entgegen ein todtes Ding, einen hölzernen Vogel, einen hölzernen Hund Töne von sich geben hört und sie räthselhafte Bewegungen machen sieht.* Da sie wissen wollte, wie die Dinge funktionierten, arbeitete sie meistens solange daran herum, bis sie kaputt waren. Zu ihren Spielsachen gehörte eine Leier, *auf welcher sich ein Vogelbauer mit einem gelben Vogel in der Runde drehte, während kleine klimpernde Töne erklangen.* Weil sie wieder einmal das Innere hatte sehen wollen, lockerte sie das weiße Leder zwischen den Brettchen der Leier ein wenig. Als das nichts half, riß sie das ganze Leder herunter. *Da lagen nun die zwei weißen Brettchen, da sah ich nun fünf dünne Roßhaar-Saiten über einen kleinen Bock gespannt, und an der Kurbel saßen zwei Stückchen Federposen, welche über die Saiten streiften, wenn man die Kurbel drehte. Das war also Alles!* [51]

Mit einfachsten Mitteln verstanden die Spielzeugmacher etwas herzumachen! Das bezeugt auch eine als *Froschgeschrey* in Berchtesgaden 1783 erwähnte *kleine Büchse mit einer Blatter überzogen, woran ein Roßhaar befestigt ist, welches durch schnelle Bewegung das Geschrey der Frösche lebhaft vorstellt.* [52] Der hier beschriebene

Junge mit Pferde-Klingkästchen, um 1865
Visitfoto, Mrs. Williams, Wolverhampton

Mechanismus war ebenso einfach und wirkungsvoll wie die kleinen Lederbälge mit Pfeifstimmen, die sogenannten Schrei- oder Quietschbälge, mit denen die meisten anderen tönenden Holzspielsachen ausgestattet waren. Durch einfaches Pressen, durch Ziehen an einer Schnur und durch andere Methoden wurden sie zusammengedrückt und dabei die Luft durch ein entsprechendes Stimmloch gepreßt. Um 1800 verkaufte man Hunde, die *vermittelst des Drucks unter den Körper zu bellen anfangen*, auch *Bologneserhund und Katze auf einem Kästchen; wenn man an einer Schnur zieht, so hauen sie mit ihren Pfoden gegen einander, auch bellt der Hund, und die Katze schreyt.*[53]

Diese Blasebalg-Tiere waren eine besondere Spezialität der Sonneberger Gegend. Aber auch im Erzgebirge wurden beispielsweise Vögel und Kühe hergestellt, die in einen kleinen Holzkäfig oder Stall gesperrt waren und herausschnellten und piepsten beziehungsweise muhten, sobald man die Türe öffnete, weil dabei ein Stimmenbalg zum Tönen gebracht wurde. Auch die buntbemalten *Kuckucksvögel* mit einer tiefen und einer hohen Pfeifstimme zum Nachahmen des Kuckucksrufs waren nicht nur im Meininger Oberland, sondern auch in Berchtesgaden altbekannt.[54]

Die Stimmen sind trotz des geringen Aufwands zum Teil erstaunlich differenziert. Ein schönes Beispiel ist dafür *das sprechende Bilderbuch*, eine Kombination von Blöken, Miauen, Bellen usw. in einem einzigen Gegenstand. Es besteht aus einigen Seiten Chromobildern mit Texten, sowie aus einem 4cm hohen Holzkästchen mit eingebauten *mechanischen Stimmen, die zu den Bildern passend getreu nachgeahmt sind, z.B.: der Esel schreit, die Kuh brüllt, der Kuckuck ruft, der Hahn läßt sein Kikeriki ertönen.* Diese Stimmen können mit Hilfe heraushängender Schnürchen abgerufen werden. Für derartige Bilderbücher mit Tierstimmen machte 1909 Eduard Suffa in Sonneberg Reklame, und eine andere Sonneberger Firma, Georg Steiner, empfahl sich über Jahrzehnte für die Fabrikation von Stimmen für Tiere und Puppen. Auch in Judenbach in Thüringen saßen Stimmen-Spezialisten. Die Bilderbücher- und Stimmenfabrik Albin Matthäi produzierte *Sprechende Bilderbücher*, und Robert Matthes stellte ebenfalls *Neuheiten in Tierstimmen mit Bildern* her in verschiedenen Aufmachungen.

Pickvögel mit Blasebälgen, 19. Jh.
Holz, gedrechselt, bemalt, Federn; 24 cm hoch
(Besitz: Christine Vogel, München)

Bär auf Stimme
nach E. Ille 1858 (Münchner Bilderb. Nr. 226)

108

Bilderbuch mit Tierstimmen, um 1900
Karton, mehrfarbig bedruckt, innen einerseits
Tierbilderbuch und andererseits Holzkäst-
chen mit eingebauten unterschiedlichen
»Tierstimmen«, die mit Hilfe heraushängen-
der Schnürchen in Gang gesetzt werden
können.
(Museum für Deutsche Volkskunde, Berlin,
MDV 62 C 702)

Tierställchen, um 1890
Tiere Pappmaché/Holz, Filz bezogen; Kuhstall 25 cm hoch; öffnet man die Tür, so
kommt eine Kuh heraus, die Muh schreit
bzw. ein Vogel, der piept (Blasebälge).

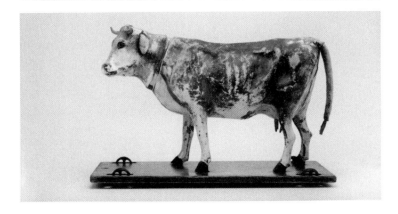

Kuh mit Stimme, um 1900
Pappmaché, Leder bezogen, Holzbeine,
Glasaugen; wird der Kopf seitlich bewegt,
ertönt »Muh«.
Thüringen
(Besitz: Ursula Werner, Dreieich)

Vogelstimmen-Bälge waren meistens mit einer Vogel-Farblithographie beklebt, andere Tierstimmen dagegen waren oft in kleinen Pappwalzen untergebracht, aus denen nach kurzem Kippen das Meckern einer Ziege oder das dumpfe Muhen einer Kuh ertönte.

Das Bedürfnis nach Ausgefallenem war groß. Die Firma Fleischmann & Blödel in Fürth brachte 1913 als besondere Kuriosität *Howly-Growly-Tiere mit pneumatischer Stimme* auf den Markt. Durch Druck auf einen Gummiballon an langem Schlauch konnte das Tier mit Luft – und Stimme – versorgt werden. Und die Firma Meier & Weber in Altona, *Spezial-Fabrikation gesetzlich geschützter mechanischer PlüschSpielsachen*, pries 1914 einen *bellenden Tierkopf* namens *MUKI* an, der mit dem Unterkiefer zu wackeln und zu bellen anfängt, wenn man *mit dem Zeigefinger auf den hinten angebrachten Ringstift drückt.* Schuco in Nürnberg annoncierte 1931 *Doggi*, einen Hund, den man in die Armbeuge klemmen und dabei zum Bellen bringen konnte, und M. Gränz in Dresden zwei Jahre danach eine *Schrei-Ente* mit ähnlichem Mechanismus.

Muki, der bellende Tierkopf, 1914
Inserat in der D.S.Z. (Meier & Weber,
mechanische Plüschspielsachen, Altona)

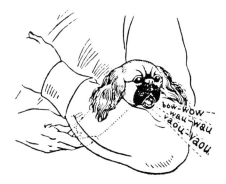

»Doggi«, der bellende Hund, 1931
Inserat in der DSZ (Schuco, Nürnberg)

Nachtigallenpfeifen, »singende Vögel«
trällern (mit Wasser gefüllt)
oben: Zinn; um 1820; 6 cm hoch
unten: Britannia (Zinnleg.), 1913; 5,5 cm

Wackelgans mit Pfeife, um 1915
Blech, bemalt; 3,5 cm hoch

Pfeifen, trällern, flöten

Und dann waren da noch die Pfeiftiere! Meistens war ihr Schwanz in eine Pfeife umfunktioniert. Kuckuck, Hahn und andere Vögel waren logischerweise die häufigsten Motive; auch die älteste deutsche Tonpfeife, von der man derzeit weiß, stellt einen Vogel dar, eine Eule. Sie ist als Wasserpfeife modelliert und wird bis ins 14. Jahrhundert zurückdatiert.[55]

Ebenso hatten die Pferdchen als Pfeiftiere einen besonders guten und alten Markt; der älteste Beleg für ein pfeifendes Tonpferdchen reicht in Deutschland immerhin ungefähr ins Jahr 1520 zurück.[56]

Nur bis ins letzte Jahrhundert belegt sind dagegen die kleinen männchenmachenden Bären, Hunde und Affen, die als Spezialität der Pfeifenbäcker im Westerwald gelten können. Diese modellierten ihre Pfeiftiere nicht frei Hand wie die meisten anderen Töpfer, sondern sie benutzten wie für ihre tönernen Tabakspfeifen Formen, in die sie den unverwechselbar feinen, weißen oder rotbraunen Pfeifenton drückten. Ein Katalogblatt der Fa. Julius Wingender & Co. aus Höhr von ca. 1910/20 zeigt, daß neben einer Reihe anderer Figuren dort auch viele Pfeiftiere hergestellt wurden: Kuckuck, Schwan, Hahn, Vogelreiter, Schaf, Hund, ein Murmeltier und drei als Menschen verkleidete Tiere.[57]

Pfeifen unterscheiden sich nicht nur durch Form, Material und Herstellungsart, sie sind vor allen Dingen Musikinstrumente mit unterschiedlichen Qualitäten. Als Pfeifen werden sie übrigens nur dann bezeichnet, wenn sie keine Grifflöcher haben. Kann man ihnen aber mehrere Töne entlocken, so nennt man sie Flöten. Die üblichsten in dieser Gruppe waren sicher die einfachen *Kuckucksflöten.*

Eine besondere Attraktion für Kinder besaßen die Wasserpfeifen. Sie wurden als *singende Vögel* oder *Nachtigallenpfeifen* gehandelt. Aus Ton, aus Zinn und Porzellan waren sie schon ein beliebtes Spielzeug der Biedermeier-Kinder. Der Dichter Karl Gutzkow (geb. 1811) beschreibt eine derartige *Wassernachtigall von Porzellan, die mit aufgegossenem Wasser beim Blasen einen schmetternden Ton giebt* und seiner Meinung nach einem Kind zunächst noch lieber war als ein richtiger Vogel.[58] Ab 1878 soll ein gewisser Felix Schlimper, dessen

Flöten in Tiergestalt

hintere Reihe von links nach rechts:
Gockel, letztes Drittel 19. Jh., rötlicher
Ton, bemalt, 12 cm hoch. Vermutlich Westerwald (Besitz: U. Pfistermeister, Fürnried); Vogelreiter, um 1900, weißer Pfeifenton. Julius Wingender & Co., Höhr,
Westerwald;

vordere Reihe:
2 Äffchen, 1 Kuckuck, letztes Drittel 19. Jh.
rotbrauner Pfeifenton.
Vermutlich Hör, Westerwald

spätere Firma in Berlin auf 5-, 10- und 20- Pfennig-Artikel spezialisiert war, mit solchen Nachtigallenpfeifen durch Europa und Amerika getingelt sein.[59] Sie wurden noch in unserem Jahrhundert über
Jahrzehnte aus Blech und Britannia (Zinnlegierung) auf Jahrmärkten feilgeboten.

Eine andere Sorte billiger Tierpfeifchen, die *Schreihähne*, will Felix
Schlimpfer selbst erfunden haben. Sie wurden ebenfalls gern auf den
Jahrmärkten und in Wundertüten verkauft. Mit ihrem schrillen
Pfeifton rechnen sie schon fast zur Gruppe der Scherzartikel, denn
sie sind weit mehr dazu geeignet, andere zu erschrecken, als Musik
damit zu machen. Ihr Material ist einfaches Weißblech, manchmal
bemalt und fast immer mit roten Filzkämmen und bunt eingefärbten
Federn garniert. In die gleiche Gruppe gehören die vielgeliebten
Knackfrösche oder *Cri-Cri*, kleine Blechtiere, bevorzugt Frösche,
deren Boden von einer teilweise freihstehenden flachen Stahlfeder
gebildet wird. Drückt man die Feder, so ertönt ein erstaunlich lautes
Knacken. Die Tiere selbst sind bemalt oder chromolithographisch
bedruckt.

Seit vielen Jahren machen die Töpfer wieder Pfeiftiere aus Ton, allerdings werden diese eher als Sammlerstücke, denn als Spielzeug für
Kinder gekauft. Auch die hölzernen *Pfeifenrößl* aus Berchtesgaden,
früher die Freude kleiner Buben, finden ihre Liebhaber heute meistens unter den Erwachsenen.

Knackfrösche oder Cri-Cri, 1925/40
Blech, bedruckt, bemalt; großer Frosch 3 cm

Esel mit »Glockenroller«, Anf. 20.Jh.
stoffbez. Pappmaché/Holz-Körper; 19 cm
hoch
(Besitz: Luise Stiegel, Rödermark)

113

Entchen »im Ocean der Waschschüssel«
Zeichnung: Oskar Pletsch
aus: Reichenau, 1865, S. 58

Alle meine Entlein schwimmen auf dem See

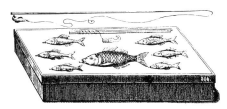

Magnetfische im »Glascarton«
aus: Katalog Klodt 1892/93, S. 7

Schwimmtiere aus Angelspiel, um 1870
Messingblech, Zinnbeine, bemalt, Magnet-
stiftchen im Maul; Schwan 4 cm hoch

Die Wasserschüssel auf dem Tisch mit schwimmenden Spielzeugtieren darin, fasziniert daraufschauende Kinder rundherum – das ist ein in Spiel- und Beschäftigungsbüchern des 19. Jahrhunderts häufiges Bild. Rudolf Reichenau beschreibt 1865 in einem Kinderbuch eine solche Szene sehr anschaulich: Die Kinder ... *spielen mit schwimmenden Entchen, Schwänen und Gänschen von hohem Milchglas oder leiten die Schwimmvögel, wenn sie von Blech sind, mit der Magnetspitze wie sie wollen und wohin sie wollen auf dem ganzen unermeßlichen Ocean der Waschschüssel.*

Von den hier erwähnten Schwimmtieren finden sich im Bestelmeierschen Katalog von 1803 bereits verschiedene Angebote: Fische aus dünnem, lackiertem Kupferblech gemacht, die schwimmen und mit einem beigefügten Netz gefangen werden konnten (verpackt in einem Kästlein kostete alles zusammen 50 Kronen), sowie ein *hungriger Schwan*; dieser *ist von Kupfer, wie die Fische gemacht, im Schnabel hat er ein verdecktes Stück Magnet, auf einen dazu gehörigen Stab*

steckt man ein Brod, sezt ihn in eine Schüssel Wasser, so lauft er danach, als wenn er es erhaschen wollte.

Diese magnetischen Spielsachen waren übrigens ein typisches Produkt der Nürnberger Metallspielwaren-Fabrikation jener Zeit. So ist es nicht erstaunlich, daß 1844 als einziger ein Nürnberger Fabrikant, Johann Michael Ißmayer, einen großen Posten davon bei der Deutschen Gewerbe-Ausstellung in Berlin zeigte: Neben Schiffen und einigen Kleinigkeiten waren es vor allem Tiere, *Gold- und Silberfische, Schwäne, Enten, Gänse etc.* und *Angelfische in Schachteln mit 2 bis 4 Fischen nebst Angel*, die vom Berichterstatter dieser Ausstellung als *recht hübsch..., sauber mit Lackfarben gemalt...und dabei äußerst billig*, besonders hervorgehoben wurden.[60] Ungefähr 60 Jahre später war es wieder eine Nürnberger Firma, nämlich Leonhard Staudt, welche *schwimmende Fische* produzierte, nunmehr aber *mit gutgehendem Werk, 23 cm* und *mit bestem langgehenden Werk, 32,5 cm*. 1912 bot dieselbe Firma außerdem aufziehbare Frösche und Seelöwen an, die ebenfalls schwimmen konnten.

Schwimmfiguren aus Messingblech
aus: Kat. H. Kurtz, Stuttgart 1912, S. 67

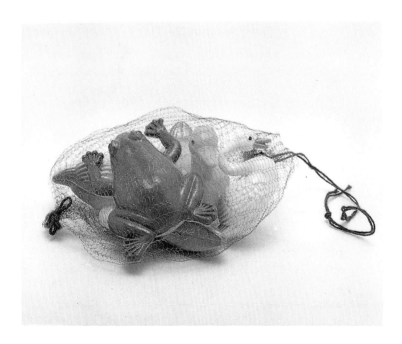

Celluloid-Schwimmtiere, um 1940
in Messingdraht-Säckchen

116

Schwimmentchen, 1932
hellgelbes Celluloid, bemalt.
(Besitz: Ruth Rink, Frankfurt/M.)

Bewegliche Schwimmente, 1913
Blech, zum Aufziehen; Inserat in der DSZ
(Hecht & Weippert, mech. Spielw. Nürnberg)

Magnetisches Angelspiel (Papier)
aus: Katalog Borho, um 1913, S. 97

Ein weites Feld erschloß sich gegen 1900 denjenigen Spielzeugfabrikanten, die Celluloid dünnwandig verarbeiteten. Fast jeder aus dieser Branche stellte Schwimmtiere her. Zunächst wurden sie noch in den gewohnten kleinen Größen der Kupfer- und Messingtiere produziert, die nur wenige Zentimeter erreichten, aber bald überwogen Tiere in handlicher Größe als Badewannentiere für Kleinkinder. Nebenbei gab es noch bis in die 50er Jahre Messingdraht-Säckchen gefüllt mit kleinen Fischen, Enten und Gänsen zu kaufen. Kleine Schildkröten, Krebse, Hummer und Krokodile waren allerdings in diesen späten *Schwimmsortimenten* nicht mehr anzutreffen.

Die eigentlichen Angelspiele, zu denen die Magnettierchen gehört hatten, wurden nach und nach zu »trockenen« Spielen: Die nun häufig aus farbenprächtig bedruckter Pappe bestehenden Fische waren fürs nasse Element nicht mehr so recht geeignet.

117

Tiere aus der Scherzartikel-Kiste

Gruseln zum Vergnügen

Die Fähigkeit von Kindern, die Schauer des Gruselns mit einer gewissen Wonne zu erleben, ist bekannt. Aus den Heiligenlegenden wurden Märtyrergeschichten gepickt, die sanften Märchen wurden überschlagen, die unheimlichen verschlungen – von den heutigen Gruselfilmen ganz zu schweigen.

Eine kleine, harmlose Variante dieses Spaßes ist der Scherzartikel, mit dem man sich und andere erschreckt und gruselt. Viele Spielzeugproduzenten machten nebenher solche Kleinigkeiten. Das älteste Spezialgeschäft dieser Branche soll die schon 1852 bestehende Spielwarenfabrik Carl Quehl in Nürnberg gewesen sein. Allerlei Jux wurde für Erwachsene hergestellt, die sich vor allem in der Faschingszeit mit harmlosen und zweideutigen Überraschungen neckten. Die Branche rechnete aber auch mit den Kindern, die in einem bestimmten Alter von Scherzartikeln ungeheuer fasziniert werden.

Tiere spielen in dieser Branche eine wichtige Rolle. Der harmlose Affe aus Fell oder Chenille, der an einer Gummischnur unberechenbar umhersprang, gehörte ebenso zum Scherzartikelangebot des »Mannes mit dem Bauchladen« wie richtige Gruseltiere: Spinnen, Insekten, Würmer und Schlangen.

»Der Mann mit dem Bauchladen«
aus: DSZ April 1927, S. 33

Scherz-Würfelzucker, 1936
Inserat in der DSZ (Albert Zander, Leipzig)

Geduldspiele, Hund und Fisch, 1928
Inserat in der DSZ (M. Walter, Nürnberg)

118

»Hinterlader-Schweinchen«, um 1940
Pfeifenton; 2,5 cm hoch
Westerwald

Maus-Kistchen
nach Sonneberger Spielzeugmusterbuch 1831

Die laufende Maus, 1922
Inserat in der DSZ (Bernhard Meyer,
Chemnitz)

Schreiblase: »Das sterbende Schwein«
aus: Katalog Neumann, um 1900, S. 45

Mäuse und »gemischte« Späße

Selbstverständlich hat auch die Maus in dieser Branche eine Rolle ge-spielt, war sie doch das Tier, vor dem sich früher Frauen angeblich so sehr fürchteten, daß sie auf der Flucht vor ihnen – will man Witz-blättern glauben – ständig auf Stühle hüpften. Die Mäuse der Scherz-artikelfabrikanten schnellten schon im frühen 19. Jahrhundert wie die Schlangen aus Kistchen, gegen Ende des Jahrhunderts sprangen sie aus Katzen oder aus Semmeln und liefen blitzschnell auf dem Bo-den herum. Damals warf man auch schon Spinnen, Fliegen und Kü-chenschaben aus Hartgummi oder Celluloid heimlich *in Getränke und erzeugt(e) damit die launischsten Szenen*. Als besonderer Spaß für Kinder galten die *sterbenden Tiere*, die *Schrei-Blasen, welche, wenn aufgeblasen langsam zusammengehen und zum Schluß mit ei-nen Seufzer umfallen*. Nicht weniger vergnüglich waren freilich die *kackenden Hündchen*, Tiere aus Pfeifenton oder Porzellan, denen man eine kleine pyrotechnische Patrone, eine sogenannte Hinterla-derpille ins Löchlein steckte und anzündete. Unter Rauchentwick-lung und Gestank wuchs sich diese zum Gaudium der Kinder zu einer Wurst aus und bildete schließlich einen regelrechten Haufen.

Schlangen-Schreck

Besonders kunstvoll gearbeitete bewegliche Schlangen sind aus der ersten Hälfte des 19. Jahrhunderts erhalten geblieben. Sie wurden damals in den fein gedrechselten, durchbrochenen Elfenbeinbüchschen Berchtesgadens verkauft. Ob sie auch dort hergestellt oder aus Fürth bezogen wurden, ist schwer zu sagen. Jedenfalls wird in einem Bericht über die Deutsche Gewerbe-Ausstellung 1844 in Berlin *ein allgemein bekanntes Spielzeug* (erwähnt)*, das dem Drechslergewerk zu Fürth angehört, nämlich die »Hornschlangen«. Ein Stück Horn, an welches der Kopf eines Ungeheuers angedreht und gemalt ist, wird spiralförmig in ganz dünne Blättchen gedreht, so daß es, ursprünglich in eine kleine Kapsel eingeschlossen, sich ellenlang streckt. Dieser Artikel, von dem Gabriel Böhner in Fürth ... Proben einsandte, beschäftigt ganze Werkstätten.*[61]

Ein Sonneberger *Schlangenkistchen*, bereits im Musterbuch von 1831 vorgestellt, findet sich noch 70 Jahre später als Variante in Katalogen von Händlern mit Spielwaren und Cotillon/Carneval-Artikeln. Diese boten solche Kästchen mit der Aufschrift *Das Paradies* oder *Für Neugierige* an; beim Öffnen sprangen jeweils lange Schlangen heraus. Bewegliche Holzschlangen aus einzelnen mit Lederstückchen verbundenen Gliedern gehören zu den alten Holzspielsachen, wurden aber auch in den 20er Jahren unseres Jahrhunderts noch vertrieben. Die *Neustädter Scherzartikelfabrik* (Hawa) produzierte wie die Firma Sammler & Rissmann (Spira) Schlangen und *Kerbgelenktiere. Gummi-Nattern in natürlicher Größe* dienten schon 1895 *zum Erschrecken*; auch raffiniert in Pappschachteln verpackte Cobras wurden verkauft, die beweglich an kleinen Häkchen aufgehängt, den Kopf sehr natürlich aus der Schachtel schoben, wenn man den Deckel hob.

Bewegliche Gliederschlange
nach Holzspielsachen-Musterbuch, um 1870

Scherzartikel

oben:
»lebende« Cobra, um 1900
öffnet man den Deckel der beklebten Pappschachtel, so schlängelt sich die beweglich an Schlaufen aufgehängte Schlange; Stoff am Rücken schwarz/grau gemustert und an der Bauchseite gestreift; Schachtel 4,5 cm hoch

unten, von links nach rechts:
Schlange in Zigarre, um 1840
Horn, gedrechselt; dem Kopf ist spiralig ein Körper in feinsten Scheibchen angedrechselt, zusammengeschoben 5 cm, ausgedehnt 25 cm lang.
Fürth/Bayern
Hornschlange und Krebs in durchbrochenen Elfenbeindosen, 1800/1830.
Vermutlich Berchtesgaden (Besitz: Gertrud Ullmann, München)

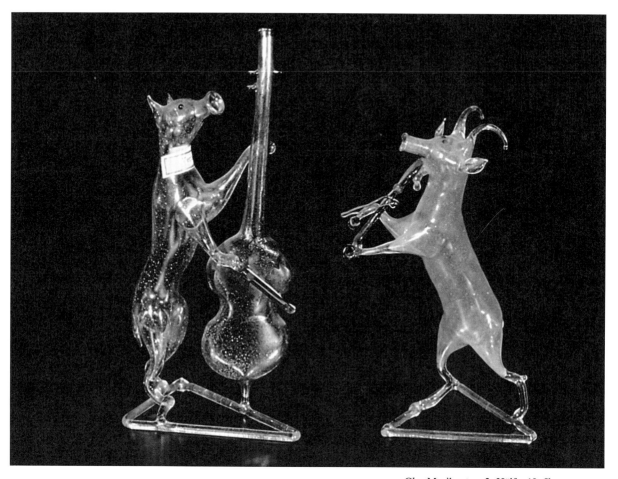

Glas-Musikanten, 2. Hälfte 19. Jh.
vor der Lampe geblasen; Geiger 9 cm hoch
wohl Steinheid/ Lauscha

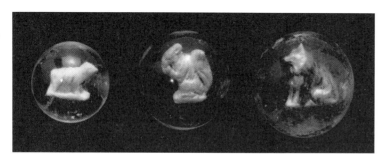

Glasmurmeln, um 1900
mit eingeschlossenen »Silber«-Tieren; Spitz 4
cm Durchmesser

122

Winzig, empfindlich und kostbar

Ziemlich robuste buntglasierte Porzellantiere zwischen 3 und 8 cm waren schon um die Jahrhundertmitte Spielzeug für Kinder, und winzige Bisquit-Porzellantiere standen dann in den letzten Jahrzehnten des 19. Jahrhunderts häufig auf den Vertikos ihrer Puppenstuben.

Der größte Teil der Porzellantiere wurde zwar als Nippes-Figuren für Erwachsene verkauft, aber die Kinder nutzten sie phantasievoll in ihrer Spielen.

Ina Seidel (geb. 1885) schildert beispielsweise in ihren Erinnerungen, wie sie als Kinder der kleinen Figuren Geschichten dramatisierten, deren Helden immer Tiere waren. *Das größte Epos dieser Art hieß ... Tierkriege und entwickelte sich aus einer Reihe dramatischer Ereignisse, die wir unserer kleinen Schwester mit Hilfe kleiner Tiere aus Holz und Porzellan vorzuspielen pflegten.*[62] Auch unter Thomas Manns vielgeliebten Tieren waren solche aus Porzellan: *... wie ich denn auch im Laufe der Kindheitsjahre mich mit vielen Hunden beschenken ließ, aus Porzellan, Papiermaché und Biskuit...*[63]

Wie viele Miniaturen aus Bronze, Silber und anderen kostbaren Materialien wurden auch Glastiere vorrangig für Erwachsene geschaffen. In den ersten Jahrzehnten unseres Jahrhunderts entwarfen Künstler filigrane Glastiere. Für die *Deutschen Werkstätten* in München arbeitete Else Wenz-Viëtor, für die Kunstgewerbefirma *Bimini* in Wien waren Artur und Josef Berger und in Berlin war Marianne von Alesch tätig.

Massenware von erstaunlicher Präzision und Ausdruckskraft, die auch für Kinder gedacht war, hatten seit langem die Glasbläser in Neuhaus bei Lauscha und Warmensteinach im Fichtelgebirge hergestellt. Das Sonneberger Musterbuch von 1831 zeigt neben den schon erwähnten »schwimmenden Glasvögeln« auch Geflügel und Vögel aller Arten mit und ohne Käfig; von den Tieren des Waldes sind Hirsch, Reh, Hase, Fuchs und Eichhörnchen, von den Haustieren Kuh, Ziegenbock, Pferd und Gespanne abgebildet und als exotisches Tier ist auch ein gläsernes Kamel mit Äffchen und Treiber zu sehen.

Glasente, um 1900
Fläschchen mit bunten Zuckerkügelchen
gefüllt; 5,5 cm hoch
(Besitz: Gertrud Ullmann, München)

Die bunten Vogelkäfige und Tiere, besonders Hirsche aus weißem Milchglas wurden hundert Jahre später noch geschätzt, vor allem als Schmuck für den Weihnachtsbaum.[64]

Allesamt sind diese Glasfiguren Spielzeug für Kinder und Ziergegenstände zugleich gewesen. Auch Fläschchen in Tiergestalt für Parfum oder bunte Liebesperlen, die filigran aus Hohlglas geblasen oder robuster aus Preßglas gefertigt waren, hatten eine ähnliche Doppelfunktion.

In den 20er/30er Jahren – und heute wieder – liebten viele Erwachsene kleine mattierte Preßglastiere in extravaganten Farben von intensivem Grün zu sanftem Lila. Den Kindern aber erschienen diese kleinen Hündchen mit ihren winzigen Metallhalsbändern und den glitzernden Similiaugen als der Inbegriff von Kostbarkeit.

Eine Rolle als Reiseandenken und in der Folge als Vitrinen-Nippes spielten und spielen auch die Glastiere aus Murano/Italien.

Ein anderer Gegenstand aus Glas, der freilich mit dem »Vitrinen-Spielzeug« nur eines gemeinsam hat, nämlich die eben zitierte Kostbarkeit in Kinderaugen, soll nicht unerwähnt bleiben: Die Glasmurmel mit einem eingeschlossenen »silbernen« Tier. Solche Murmeln mit Lämmchen, Hunden, Hähnen, Eichhörnchen und Elefanten wurden in Thüringen in der Zeit von 1850 und 1910 hergestellt.

Kleine bemalte Wachstiere, wie sie beispielsweise 1844 die Berliner Firma Kummer auf der Deutschen Gewerbe-Ausstellung in Berlin zeigte, und die Firmen Ebenböck in München und Weinkammer in Salzburg noch zu Beginn unseres Jahrhunderts produzierten, wurden ebenfalls sowohl als Spielzeug wie als Aufstellfigur benutzt und haben auch als Verzierung des Weihnachtsbaums gedient.[65]

Ein richtiges Spielzeug, von Anfang an für Kinder gedacht, waren die hölzernen Miniaturen aus dem Erzgebirge. Hier sind die Erwachsenen über die Sammelleidenschaft zu Interessenten geworden.

Die Erzgebirge-Miniaturen wurden bereits um 1800 als *Schachtelware* verkauft. Die kleinen Sachen halfen Holz sparen, enggepackt in Spanschachteln brauchten sie wenig Platz, und ihre Leichtigkeit machte ihren Transport vor allem nach Übersee preiswert, da sich die Kosten nach dem Gewicht richten. Tierherden aller Art, die »Bauereien« mit den Haustieren und der Wald mit seinen Tieren gehören zu den frühesten Winzigkeiten; nach 1900 verstärkte sich der Trend

Miniaturtiere

obere Reihe:
Glastiere, 1920/60
farbiges Hohlglas und Massivglas; Seehund
3 cm hoch.
Lauscha und Wien

Mitte:
Porzellantiere, um 1870/90
Bisquit, bemalt, Affe 3,5 cm hoch.
(Besitz: Gertrud Ullmann, München)

untere Reihe:
Wachstiere, 2. Hälfte 19. Jh.
Wachs, bemalt; Katze 4,3 cm hoch.
Gebr. Weinkamer, Salzburg
(Besitz: Gertrud Ullmann, München)

zur Miniatur. Es kamen die eingerichteten Zündholzschachteln auf (zum Beispiel eine Streichholzschachtel als Stall für eine kleine Kuh), Miniatur-»Scheren« mit Jagd oder Gänseliesel, Pendelpickhühner und die Arche Noah mit ihren nun ganz winzigen Tieren. Ab den 20er Jahren produzierte Richard Bilz (geb. 1902) seine »Tierfamilien«, beispielsweise Pinguine, Störche, Frösche, Schweine, wobei immer ein oder zwei größere Tiere und mehrere ganz kleine zu einer Gruppe gehörten.

Daß diese Miniaturen von Erwachsenen geschätzt und sorgfältig in Vitrinen verwahrt wurden, ließ sie für Kinder nur noch begehrenswerter erscheinen und garantierte den Winzigkeiten sorgfältige Behandlung. Manches Alleinsein wurde gern hingenommen, wenn es mit einer Schachtel voller Miniaturen verschönt wurde, und manche Kinderkrankheit leichter ertragen, wenn als besondere Vergünstigung ein Tablett mit »zarten Sachen« aus der Vitrine auf die Bettdecke gestellt wurde.

Miniatur-Pinguinfamilie, um 1925
Holz, gedrechselt, bemalt; 5 cm hoch

»Ein Ey, in welchem eine kleine schäferey«
aus: Bestelmeier 1803, No.600

Miniatur-Pendelspielzeug, um 1925
Holz, gedrechselt, bemalt; 3,8 cm hoch (ohne Pendel)

Miniatur-Leiterwagen, um 1900
Pferde Holz, bemalt (Reifentiere); 4 cm hoch

Miniatur-Bauerntiere mit Zaun, um 1910
Holz, bemalt (Reifentiere)

Miniatur-Bauernhof, um 1925
Reifentiere, Papphäuschen aus gestanzten
Teilen; Stallgebäude 5,5 cm hoch

127

Künstler machen Spielzeug-Tiere

Die Kunsterziehungs-Bewegung

Um einfaches natürliches Spielzeug war es schon den Pädagogen der Aufklärung, des Naturalismus und der Romantik gegangen. Ihren Vorstellungen war man jedoch im Lauf des 19. Jahrhunderts kaum gefolgt; im Gegenteil – Einfachheit und Bescheidenheit schien bei Spielsachen immer weniger gefragt. Besonders in den letzten Jahrzehnten des Jahrhunderts wurde aufwendiges, technisch perfektes Spielzeug auf den Markt gebracht (das zugegebenermaßen damals wie heute einen großen Reiz hat). Es entsprach der übrigen Lebenshaltung jener Zeit, den überladenen Wohnungseinrichtungen und einer unpraktischen Kleidung, die mit unnützen Zutaten verziert war. »Unnütz und unnatürlich« – deshalb »unästhetisch«, ist eine Wertung der Jahrhundertwende, die 30 Jahre vorher von einem Hans Makart und seinen Zeitgenossen nicht empfunden werden konnte. Ein neues Bewußtsein von Ästhetik, das heute noch vielen ein Dogma ist (allerdings da und dort in Wort und Tat schon wieder in Frage gestellt) haben jedenfalls die Männer und Frauen der *Kunsterziehungsbewegung* im ausgehenden 19. Jahrhundert bewirkt.

Bedeutende Vertreter dieser Bewegung, zu denen Lichtwark in Hamburg, Georg Hirth in München, Konrad Lange in Tübingen und viele andere gehörten, erwarteten viel von einer neuen *künstlerischen Erziehung der deutschen Jugend*. Das war auch der Titel von Konrad Langes 1893 erschienenem und damals viel gelesenem Buch zu diesem Thema. Die Bewegung war übrigens – entgegen diesem Titel – eine internationale. So wurde beispielsweise J. Liberty Tadds Werk »New Methods in Education«, 1899 in Amerika und England erschienen, von der »Lehrervereinigung für die Pflege der künstlerischen Bildung in Hamburg« schon ein Jahr später in deutscher Übersetzung herausgegeben.

Man versprach sich nicht nur von der Erziehung des Kindes viel, man erhoffte sich auch vom »Kind an sich« Hilfe; seine schöpferischen

gedrechselte Holztiere, Hund und Schaf
Entwurf Gebrüder Geigenberger
aus: Die Kunst, 14. Bd. 1906, S. 45

Kräfte sollten die Kunstkrise des Fin de siecle bewältigen helfen. Dem Kind, seinen spielerischen Tätigkeiten und seinem Spielzeug wurde damit eine ganz neue Bedeutung beigemessen.

Ellen Key schrieb damals ihr berühmt gewordenes *Jahrhundert des Kindes*, 1904 erschien in Darmstadt das erste Heft einer neuen Zeitschrift: *Kind und Kunst*. Ihr Untertitel enthält das durch eine gleichnamige Ausstellung geprägte Schlagwort jener Zeit: *Die Kunst im Leben des Kindes, das besagt alles, das ist Programm und Arbeit zugleich.*[66] Noch im selben Jahr kam das erste Werk heraus, *in welchem das gesamte Gebiet des Spielzeugs in seiner kulturgeschichtlichen Entwicklung, in seiner heutigen modernen Gestaltung und zu gleicher Zeit in seinem Werte für die Erziehung und Berufswahl behandelt* wird, nämlich Paul Hildebrandts Buch *Das Spielzeug im Leben des Kindes*.

So ist nur logisch, daß auch an das Spielzeug selbst erhöhte Anforderungen gestellt wurden. Man wollte vermehrt Spielsachen angeboten wissen, welche die Phantasie anregen konnten und in der Lage waren, die technischen Fertigkeiten des Kindes auszubilden – eine Grundbedingung für künstlerische Betätigung. Das Spielzeug sollte außerdem möglichst von namhaften Künstlern entworfen werden und bereits durch seine ästhetische Aufmachung den Geschmack schulen.

Künstler bemühen sich um das Wesentliche

Wie nie vorher und wie nie nachher haben sich aus dieser Überzeugung heraus Künstler in den ersten Jahrzehnten unseres Jahrhunderts tatsächlich mit dem Spielzeug beschäftigt. Das Spielzeug von Künstlern des Jugendstils und des Art deco ist noch heute beeindruckend, ohne daß wir uns im allgemeinen dessen bewußt sind, wie bahnbrechend ihre Entwürfe waren und wie sehr sie bis heute auch die Produktion der Spielzeugmacher beeinflußt haben.

Die Rückführung auf die einfache Form, die Abstrahierung, die klare Farbgebung haben besonders das Holzspielzeug auf Jahrzehnte geprägt. Kein Wunder, denn das Holz war der bevorzugte Werkstoff der damaligen Künstler, die »künstliches« Material ablehnten und den Begriff »künstlich« sehr streng faßten. In gewisser Weise schlossen sie die Augen vor den Realitäten in der Spielzeugindustrie. Die arbeitete nun einmal nicht nur mit Holz, und gerade den anderen Materialien hätte eine bessere Gestaltung gut getan.

Im Spektrum des künstlerischen Spielzeugs fiel den Tieren eine bedeutende Rolle zu, gehörten sie doch zu den als besonders wichtig erachteten *tausendfachen Formen des umgebenden Lebens,*[67] zur Natur, die man damals schon als positiven Kontrapunkt zu Technik und Industrie zu betonen suchte. Den neuartigen Entwürfen lagen weiter die altbekannten Motive zugrunde, die Haus- und Waldtiere, die Viehweiden, die Arche Noah, der Zoo, die Gespanne und Schaukelpferde, aber *neu, oder vielmehr: wieder neu für die Gegenwart ... sind die Formen.* Der bisherige Naturalismus mußte der Stilisierung weichen, da man glaubte, die Phantasie des Kindes könne sich nicht entfalten, wenn man ihm *im frühen Lebensalter den Naturvorbildern täuschend nachgeahmtes Spielzeug ... (wie) jene mit wirklichem Tierfell überzogenen und mit Mähne und Schweif ausgestatteten Schaukelpferde* zum Spielen gäbe.[68]

Auch Jugendstilkünstler haben Spielzeug geschaffen, das weder »einfach« noch für Kinder geeignet war. Erwachsene konnte es umsomehr begeistern. Darunter fallen beispielsweise Dagobert Peches herrliche Phantasietiere, auch die fragilen Objekte von Julius Zimpel

Beweglicher Reiter von A. Winde, Dresden
aus: Dekorative Kunst, Bd. 36, 1928, S. 104

Gedrechselte Menagerie der Minka Podhajska
aus: Die Kunst, 18. Bd. 1908, S. 543

Gedrechselte »Mondkälber« von G. Weidenbacher
aus: Dekorative Kunst, Bd. 36, 1928, S. 103

(in der Nachfolge Peches war er Leiter der Wiener Werkstätten) und wohl auch die Fabelwesen der Künstlerfamilie von Zülow in Wien.[69] Beispielhaft reduziert auf das Charakteristische im Sinne der Theoretiker jener Zeit sind die Spielzeugtiere in den Drechselarbeiten von Erich Kleinhempel, Dresden, Franz Ringer, München und den Wiener Jugendstil-Künstlerinnen, Fanny Zakucka-Harflinger, Minka Podhjaska und anderen. Gerade letztere hat eindrucksvolle Tiere gedrechselt, davon manche mit beweglichen Gliedern, Fasane, Pudel, Pfau und viele mehr, die nicht nur schön sind, sondern auch einen guten Schuß Witz haben. An die Krokodile und Mondkälber von Max Körner und die buntlackierten Phantasietiere auf Rädern von Georg Weidenbacher, beide in den 20er Jahren in Nürnberg tätig, reichen die glatten bei *Artinfant* in München in der nämlichen Zeit produzierten Tiere von Toni Holzer nicht ganz heran. Seine Tiere auf fahrbaren Brettchen fallen auf durch *weiche, rundliche Formen mit glänzender Lackfarbe*.[70]

Die künstlerischen Drechselarbeiten wirkten auf die industrielle Produktion vorbildhaft – freilich mit Abstrichen. Starkfarbige, aus gedrechselten Holzperlen zuammengesetzte Tiere, die in den 20er und 30er Jahren von der Firma Schowanek in Piding in verschiedenen Größen produziert wurden, sind ebenso ein Beispiel dafür wie die *Multifax*-Gliedertiere der Firma Bruno Ulbricht in Nürnberg, die *Babausa*-Stecktiere aus Neckarsulm oder die »lebenden Holztiere« von Josef Fürth aus Schillingsfürst in Bayern, die alle 1930 als Neuheit auf den Markt kamen.

»Schäfer Thomas«
gedrechselte, bemalte Holzfiguren von Erich Kleinhempel
aus: Die Kunst, 14. Bd., S. 135

Die gedrechselten Spielzeugtiere von heutigen Künstlern sind in ihrer Ästhetik wieder die Freude jedes am Design Interessierten. Die flexiblen Raupen *Juba* und *Zita* des Designers Xavier de Clippeleir zum Beispiel sind solche Objekte, faszinierend in ihrer Beweglichkeit und rechte Handschmeichler obendrein; dazu ist *Zita* noch ein Beispiel dafür, daß auch gedrechselte Modelle in modernem Plastik-Material ausgeführt, schön sein können. In Kinderhände gelangen diese ästhetischen Dinge jedoch leider viel zu selten; denn selbst in Plastik ist ihr Preis relativ hoch.

Künstler verzichten auf die Perspektive

Die erstaunlichste Neuerung jener Zeit, jedenfalls was die Spielzeugfigur und damit das Tier betrifft, war wohl der bewußte Verzicht auf Perspektive. Alle aus Sparsamkeit flach gehaltenen Spielzeugtiere früherer Zeiten hatten mit Hilfe aufgemalter oder aufgedruckter Bilder eine Dreidimsionalität vorzutäuschen versucht. Die Verwendung des »flachen Brettes«, die neue Art, Figuren und Tiere daraus zu sägen und sie den Kindern bewußt ohne Perspektive in die Hand zu geben, war dementsprechend zunächst bei vielen Erziehern auf Ablehnung gestoßen[71], wurde aber schließlich durch die Kunstgewerbeschulen in die Spielzeugindustrie getragen. Typisch für diese Auffassung sind manche Arbeiten der Jugendstilkünstler Gustav Schaale, Helmut Eichrodt und der Österreicherin Marie von Uchatius.
Die flach ausgesägten und bemalten Tiere Eichrodts in seiner *Wilden Jagd* von 1903 und in seiner *Arche Noah* vom folgenden Jahr waren etwas absolut Neues. (In der Folge wurden gerade von diesen Arbeiten die Bastler zur Nachahmung angeregt.) M. v. Uchatius, die von sich selbst sagte, sie arbeite mit »Brettln«, hat ihre Figuren aus flachen, ausgesägten Teilen zusammengesetzt und ihnen dadurch wieder eine gewisse Tiefe verliehen. Spielzeugtiere gehörten zu ihren bevorzugten Arbeiten. Für die notwendigen Vorstudien hat sie viel Zeit im Tiergarten und drei Monate im Zirkus verbracht. Ihre *Arche Noah* holte sich bei einem Preisausschreiben der Kunstgewerbeschule in Nürnberg (wohl 1905), bei der die besten Archen ermittelt werden sollten, den ersten Preis.[72]

Abstrahierte Tiere, um 1930
aus Brettchen gesägt, bemalt; Zebra 7 cm hoch
Entwurf und Ausführung Fritz Reuter

Zug-Ochse, um 1920
aus 12 mm starkem Holzbrett gesägt, schablonen-gespritzt, z.T. bemalt; 15 cm hoch
künstlerisches Serienprodukt

132

Bauernhof aus »Brettchen« von Gustav
Schaale
aus: Die Kunst, 22. Bd. 1910, S. 480

»Circus« von Marie von Ucchatius
aus: Die Kunst, 14. Bd. 1906, S. 135

Schäferei (Entwurf) von August Geigenberger
aus: Die Kunst, 8. Bd. 1902, S. 457

Ein berühmtes Beispiel für die flach ausgesägte Spielzeugfigur ist übrigens der 1906 in der Zeitschrift *Die Kunst* vorgestellte *Sonntagsreiter* von Richard Riemerschmid. Etwas Wichtiges, ein Herzensanliegen der damaligen Künstler sozusagen, kommt hier noch dazu: Das Objekt ist beweglich. Die Gliedmaßen des Reiters lassen sich in die unterschiedlichsten Stellungen bringen, und man kann ihn von seinem in allen seinen Teilen bewegbaren Pferd auch absitzen lassen. Die relativ dünnen »Bretteln« des Jahrhundertbeginns sind inzwischen zwar stärker geworden, aber manch heutiger Spielzeugmacher steht immer noch in der »Brettl«-Tradition oder ist wenigstens dem Gedankengut der damaligen Künstler verbunden. Dazu gehört Lotte Sievers-Hahn in Brockel, die ihre Tiere schon 1936 bei der Trienale in Mailand zeigte, und die Firmen Haba in Rodach bei Coburg mit ihren kleinen gewachsten sowie die Firmen Sevi in Italien und Breitschwerdt in Freudenstein mit ihren starkfarbigen dekorativen Tieren. Eine interessante Weiterentwicklung sind die zu Puzzles ineinandergeschachtelten Flachholz-Tiere, die heute in vielen Variationen auf dem Markt sind und zum Beispiel von dem Designer Sabu Oguro in konsequenter Strenge entworfen und bei der Schweizer Firma Naef entsprechend realisiert werden.

Eine Gruppe besonders interessanter Spielzeugtiere, die zu der raffinierteren, beschnitzten Variante von »Brett-Figuren« gehört, wurde von dem Naturwissenschaftler Oswald Pontius im Ersten Weltkrieg und den Jahren danach in München entwickelt. Der Reiz seiner Tiere liegt einerseits in der Beweglichkeit der Gliedmaßen, die mit Röhrennieten verbunden sind und durch versteckte Federzüge in erstaunlichen Positionen gehalten werden, und andererseits in der Möglichkeit, die Tiere aus Einzelteilen zusammenzusetzen.[73] Er verkaufte sein Patent schließlich an die 1922 gegründeten Zoo-Werkstätten in München, die das Produkt in den folgenden Jahren zunächst erfolgreich ausbauten.

In den 30er und 40er Jahren hatte Arno Schlegel in Seiffen/Erzgebirge ähnliche Tiere aus Brettchen im Programm, ebenfalls gesägt und genietet, allerdings stark vereinfacht, nicht beschnitzt und viel kleiner – ihre Durchschnittsgröße betrug nur 7 cm. Nach dem Zweiten Weltkrieg wurden schließlich solche Tiere von den *Eva Spielwaren* in Monkam produziert.

Bewegliche Katze, um 1925
Reklameblatt der Zoo-Werkstätten, München

Bewegliche Tiere, um 1946
Holz, gesägt, gebeizt, Röhrennieten; 7 cm
Erzgebirge
(Besitz: Museum für Deutsche Volkskunde, Berlin, MDV 35 F 95)

Der Sonntagsreiter von Richard Riemerschmied
aus: Die Kunst, 14. Bd. 1906, S. 131

Künstler arbeiten mit Produzenten

Viele Künstler, die nur die Leistung der eigenen Hände einsetzen konnten, kamen über das Einzelstück oder kleine Produktionszahlen nicht hinaus. Doch ihre Arbeiten regten andere an und waren Vorbild. In besonderem Maß trifft das natürlich auf alle diejenigen zu, welche als Lehrer an den Kunstgewerbeschulen unterrichteten, wie Arthur Winde, Max Körner, Otto Gradl und Rochga, um nur einige zu nennen; oder auf jene, die als Entwerfer in enger Zusammenarbeit mit Spielzeugherstellern in Fabriken und Werkstätten tätig waren.

Der Künstler Richard Kuöhl ließ seine köstlichen Tiere, die laufenden Hasen, Enten, Heuschrecken, Schnecken und Vögel in der *Tischler-Werkstätte Julius Zocher, Meißen* ausführen, Kleinhempel arbeitete u.a. mit den *Werkstätten für Deutschen Hausrat, Theophil Müller, Dresden*; die Spielsachen von Carl Weidemeyer, Worpswede, wurden in den *Vereinigten Werkstätten für Kunst im Handwerk, Bremen* realisiert, und ein Teil der Entwürfe der Gebrüder Geigenberger, Gustav Schaale, Felix Susemihl und vieler anderer in den *Dresdener Werkstätten für Handwerkskunst.* Letztere führten auch den beweglichen »Sonntagsreiter« von Richard Riemerschmid aus.

In Hessen ging Conrad Sutter seine eigenen Wege. Er gründete um 1905 zunächst auf Schloß Lichtenberg und dann auf Schloß Breuberg im Odenwald eine eigene Spielzeugfabrik. Nach dem *Grundsatz, daß ein in den Raum gestelltes Ding auch im Raume wirken*

Steckenpferde von Conrad Sutter
aus: Die Kunst, 22. Bd. 1910, S. 486

muß, ließ er seine Pferde und andere bäuerliche Tiere (aber auch Figuren, Gefährte usw.) möglichst charakteristisch nachbilden. Sie wurden markant geschnitzt und am Ende naturgetreu bemalt.[74]

»Künstler-Spielzeug« hatte damals einen so guten Klang, daß sich viele Spielzeugfabrikanten von den neuen Ideen beeinflussen ließen und ihre Zusammenarbeit mit Künstlern auch in ihren Annoncen signalisierten. Die *Holz- und Spielwaren-Fabrik München-Riesenfeld* führte laut eines Inserats von 1910 *nur Künstler-Entwürfe* aus, oder Kilian Cramer in Großbreitenbach/Thüringen bot *Tiere aus einem Stück Holz geschnitten* an; die *Thüringer Kunstwerkstätte Otto Prüfer & Co* in Zeitz, die Firma *Dorst* in Sonneberg, die schon erwähnten *Zoo-Werkstätten* in München und die *Niedersächsische Spielwarenindustrie Oscar J. Weber* in Hannover arbeiteten alle *nach Entwürfen erster Künstler*.

Händlerkataloge führten damals eigene Rubriken für *Moderne Holzspielwaren nach künstlerischen Entwürfen* ein. Es blieb nicht aus, daß die *Künstlerischen Holzspielwaren* ihres hohen Ansehens wegen imitiert wurden – leider oft schlecht. So verkamen sie mit den Jahren und Jahrzehnten vielerorts wieder zu recht primitiven, oft schlecht ausgeführten und unüberlegt schablonierten Objekten. Am Ende ist schließlich nur die flache, inzwischen allgemein als gut geltende Form vom ursprünglichen Konzept der Künstler übriggeblieben. Als *Moderne Flachholz-Figuren* füllten nun die ehemals *Künstlerischen Holzspielsachen* die Kataloge der 20er und vor allem der 30er und 40er Jahre. Zweifellos gab es auch hier gewaltige Qualitätsunterschiede. Teilweise haben jedenfalls diese glatten, meist knallbunt mit Schablonen gespritzten Spielzeugtiere, wie sie beispielsweise Georg Christoph Vogel (Geveco) in Steinach/Thüringen in den 30er Jahren anbot, etwas sehr Reizvolles.

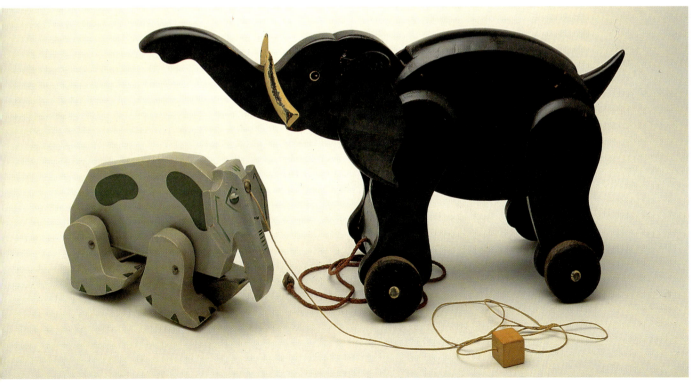

Abstrahiertes oder realistisches Spielzeugtier?

Pädagogische Ansichten über Spielzeug werden bis heute bestimmt von den Thesen des Jahrhundertbeginns: Einfaches Spielzeug regt die Phantasie an, kompliziertes, oder gar technisches Spielzeug verhindert sie. Noch heute gelten manchen die einfachen Holzfiguren, die zu Beginn unseres Jahrhunderts propagiert wurden, als Inbegriff des »guten« Spielzeugs, zum Teil ohne Rücksicht auf das Alter und die Bedürfnisse der Kinder. Für die Waldorfschulen waren sie von jeher Teil ihrer Ideologie. Vom Kind selbstgemachtes Spielzeug sei das beste, denn *Dinge, die von Kindern für Kinder geschaffen,* (ständen) *dem kindlichen Empfinden nahe.*[75]

Schülerarbeiten aus dem Werkstattunterricht der Freien Waldorfschule wurden in den 20er Jahren orignalgetreu nachgebildet und als *Waldorfschul-Spielzeug* von Stuttgart aus in Bilderbuch-ähnlichen Katalogen angeboten und vertrieben.

Verwiesen wird außerdem immer wieder auf die gute alte Volkskunst: *Ursprünglichkeit und die naive Freude an Farben und Formen, die diesen Dingen innewohnen, berühren verwandte Empfindungen im Kinde. Wie gern spielt es mit den kleinen Holzhäuschen, den geschnitzten Kühen, dem Hühnerhof, den kleinen grünen Bäumchen, den Wagen und Pferdchen der erzgebirgischen Heimarbeiter.*[76] Das stimmt wohl. Aber nicht weniger gern spielt das heutige Kind (wenn es zu spielen vermag – und das ist der Punkt) mit kleinen bunten Autos und Figuren aus Plastik. Denn gerade bei diesen Auf-

Vereinfachte Bauerntiere, 1935/40
gesägt, beschnitzt, gebeizt; 2 cm hoch

abstrahierte Zootiere, um 1930
Holz, farbig getönt, gewachst; 2-7cm hoch
(Besitz: Ursula Werner, Dreieich)

138

Old Shatterhand, um 1910
aus gesägten Brettchen, beschnitzt, bemalt,
bekleidet; Pferd 27,5 cm hoch.
Entwurf vermutlich von Carl Soffel

stellspielsachen – anders als bei anderem Spielzeug – wird die Phantasie nicht vom Aussehen des einzelnen Gegenstandes mobilisiert, vielmehr macht die Fülle den Reiz aus, das Bilden von Reihen, das Gruppieren und das Inszenieren von erdachten Geschichten.

Wenn man nun speziell an das Spielzeugtier denkt, scheint es eher notwendig, den abstrahierten flachen Tieren ebenso wie den modernen unrealistischen Phantasietieren gutgearbeitete naturalistische Tiere gegenüberzustellen. Eine bedenkenswerte Überlegung, die der Wiener Verhaltensforscher Otto König anstellt. Wenn Tiere und Spielzeugtiere in Bilderbuch und Trickfilm *vom natürlichen Vorbild allzuweit abweichen und bereits Abstraktionen darstellen, die nur einem Beschauer verständlich werden, der die naturalistische Urgestalt, also das lebendige Tier bereits kennt*, werden ahnungslose Kinder irregeführt. Kinder sind heute tatsächlich oft genug ahnungslos, sie kennen nur einige wenige Tierarten aus eigener Anschauung und haben kaum direkten Umgang mit Tieren. *Wo dieses Wissen um die Wirklichkeit fehlt, hat stilisiertes Spielzeug nur wenig Sinn.* Für Otto König ist daher *das gut nachgebildete Spielzeugtier, die richtige Abbildung im Tierbuch zu einer erzieherischen Notwendigkeit von größter Bedeutung geworden*, denn nur so lernt das Kind heute überhaupt noch Tiere kennen und wiedererkennen.[77]

Hoppelhasen zum Nachziehen, 1925/30
Holz, gesägt, Rosttöne; 22 cm hoch; Exzenter und Zugmechanismus
Waldorfschul-Spielzeug, Stuttgart

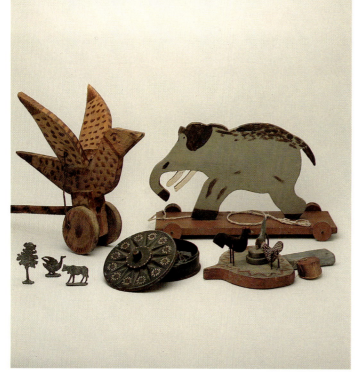

Spielzeugtiere selber machen

Tiere von Künstlern und Bastlern

links oben:
Ziegenbock und Hase, 1925/30; Holz, ge-
sägt, beschnitzt, gewachst; Gelenke mit
Röhrennieten aus Messing, sodaß die Glie-
der bewegt werden können; Ziegenbock
26 cm hoch.
Entwurf Oswald Pontius, Ausführung
»Zoo«-Werkstätten, München
(Besitz: Ernst Schindel, Frankfurt)

rechts oben:
Giraffen und Zebra, 1952
Plastikfolie, farbig bedruckt, mit Watte ge-
stopft und mit Schlingstich von Hand zu-
sammengenäht; große Giraffe 55 cm.
Brinckmeyer Werkstätten, Leipzig

links unten:
Tiere aus Notzeiten hinten
von links nach rechts:
Schiebevogel, um 1915; beim Schieben
schlägt der Vogel mit den Flügeln; Leder,
Drahtgestänge, Holz, weinrot bemalt;
Elefant, 1946, auf Räderbrett; Sperrholz,
grau/weinrot bemalt; 21 cm hoch

vorne von links nach rechts:
primitive Bleitiere, 1946, in Dose aus Gas-
maskenteilen, stumpf bemalt; Pendel-Pick-
hühner, um 1915, Holz, geschnitzt, stumpf
bemalt

rechts unten:
»Ping Feng, der Tibetaner«, 1980;
Watte über Drahtskelett, brauner Trikot
und Plüsch aus Kunstfaser, bestickt,
Glasperlen-Augen, 18 cm hoch.
Entwurf/Ausführung/Besitz: Maria Loewe,
Strub/Berchtesgaden

Künstler sind Vorbild

Der »gelernte« Künstler bevorzugte Holz als Material für Spielzeugtiere. Stoff, Leder und Faser waren dagegen Materialien wie geschaffen für Bastler, denn sie konnten ohne spezielles Werkzeug und ohne
Werkstatt verarbeitet werden. Weil der Umgang mit Schere, Nadel
und Faden den meisten Frauen vertraut war, kamen Spielzeugtiere
aus Stoff oft aus weiblichen Händen.
Als Anregung dienten nicht selten Künstlerarbeiten, die in Ausstel-
lungen gezeigt worden waren oder als Entwurf über einige Umwege
in Anleitungsbüchern und Zeitschriften auftauchten. Auch Hand-
bücher für Handarbeitslehrerinnen und die Ausbilder von Kinder-
gärtnerinnen orientierten sich an den Objekten der Künstler und ga-
ben deren Ideen weiter. Die Urheber aber wurden meistens vergessen; deshalb sollen wenigstens einige »Stofftier-Künstlerinnen« hier
genannt werden:
Schülerinnen der Fachklassen und Werkstätten für Textilkunst in
Breslau, geleitet von Professor Max Wislicenius[78], hatten schon
1906 interessante Stofftiere entworfen. Die Künstlerin Katharina
Bojanowski nähte in den 20er Jahren Tiere aus Stoff und bewickelte
und bestickte sie mit Wolle[79], Valeska Conrad in Berlin-Steglitz
wickelte zur gleichen Zeit originale Tiere aus Wollfäden, und die
Frauenarbeitsschule Stuttgart zeigte 1931 Tiere aus Leder, Filz und
Naturfasern. *Künstlerische Tiere aus Bast* von Jakob Pasing wurden
in einem Mädchenjahrbuch um 1930 und solche aus Wolle von der
Berliner Kunstgewerblerin Hilde Bartel 1940 in einer Handarbeits-
zeitschrift vorgestellt.
Gemischt aus diesen Einflüssen und dem eigenen Können der Bastler
entstanden viele mehr oder minder gut gearbeitete »kunstgewerbli-
che« Tiere. Mit Bast oder Wollrestchen wickelte man ganze Menagerien über Drahtgestelle, die vorher mit alten Läppchen gepolstert
wurden. Aus Wachstuchabfällen schnitt man einfache Teile für die
Körper von kleinen Hasen, Rehen, Elefanten und nähte sie sorgfältig

Künstler-Stofftiere, 1906
aus der Klasse von Max Wislicenius, Breslau
aus: Die Kunst, 14. Bd. 1906, S. 131

Gestrickte/gehäkelte Bären
z.T. von Kindern in der Schule gearbeitet

Bastfrösche, 1950
über Draht gewickelt, 2 und 3 cm hoch

Mäuse, um 1960
Garn über Draht gewickelt, 9 cm hoch

Künstlerische Stofftiere, 1960/70;
Watte über Drahtskelett, stoffbezogen

Mäuseeltern mit Kind »Violchen«,
Mäuserich 12,5 cm

(Entwurf/Ausführung/Besitz: Maria
Loewe, Strub/Berchtesgaden)

mit Schling- oder Knopflochstichen zusammen. Für derartige Wachstuchtiere – am liebsten rot mit weißen Tupfen – gab es übrigens genau wie für die Wickeltiere Vorbilder, die von Künstlern gearbeitet waren; zum Beispiel existieren von der Spielzeugmacherin Asta Berling einige Tiere aus dem Jahr 1934. Aber auch aus Garnresten gestrickte Bären oder ein geschickt ausgestopfter Wollsocken, mit ein paar Stichen in ein Äffchen verwandelt oder an einem Stock zu einem Steckenpferd umfunktioniert, konnten einem kleinen Kind das schönste Spielzeug sein.

Im Bereich des häuslichen Schaffens sind aber auch Tiere entstanden, die in ihrer Qualität weit über Basteleien hinausreichen. Sie waren oft gar nicht für Kinder gedacht, sondern spielten von vorne herein eine eigene Rolle im Leben ihrer Schöpfer. Hierher gehören beispielsweise die originellen Phantasietiere von Marie Löwe in Strub/Berchtesgaden. Die inzwischen über 60 kunstvollen Tiere entstanden nach 1959 in engem Bezug zu Situationen ihres eigenen Lebens und spielen nun als verselbständigte Geschöpfe weiter eine Rolle darin. Katzen- und Mäusefamilien haben ihre Bedeutung, Künstler, Genießer, Verwöhnte und Wanderer sind allesamt Symbolfiguren in Tiergestalt, die als Identifikationsobjekte Vehikel sind für die Flucht in eine bessere, friedliche Traumwelt.

143

Arme Leute – schlechte Zeiten

Immer gab es arme Leute, die sich nicht leisten konnten, was in Hülle und Fülle vor allem in der Vorweihnachtszeit in den Spielwarengeschäften angeboten wurde. Sie schenkten ihren Kindern Billigspielzeug vom Jahrmarkt und vom Weihnachtsmarkt, bekamen manchmal gebrauchte Spielsachen von gutsituierten Familien[80], und wenn sie geschickt genug waren und Zeit dazu hatten, machten sie auch manches Spielzeug selbst.

In schlechten Zeiten, in Kriegen und danach, sah es für fast alle Kinder ähnlich aus: Das käufliche Spielzeug hatte Seltenheitswert[81] und war von minderer Qualität. Es war so schäbig, wie es in besseren Zeiten nur in Wundertüten zu finden war. Die Tiere beispielsweise waren schlecht aus Gips geformt und minderwertig bemalt oder auch ganz ohne Farbe, wie die einfachen kleinen Haustiere, die in Hör im Westerwald aus weißem Pfeifenton gepreßt wurden.[82] Eltern bauten für diese Tiere Gehege und Bauernhöfe. Sie sägten auch selbst kleine Tiere aus, im Ersten Weltkrieg aus den Brettchen der Zigarrenkisten, im Zweiten aus Hartfaserplatten. Sie bastelten mit Pappendeckel, verkochten Zeitungen zu Papiermaché und formten unter anderem auch die schönsten Tiere daraus. Es galt, sich Spielsachen auszudenken, für die wenig und möglichst sonst nicht verwertbares Material verwendet werden konnte. Ein schönes Beispiel für ein gelungenes Spielzeug aus wertlosen Dingen ist ein aus Pillenschachteln, Pappe und Holzabfällen gebauter Zoo. Er ist bestückt mit »Margarinefiguren«, kleinen elfenbeinfarbenen Tieren aus Polystyrol, die in der Zeit nach dem Zweiten Weltkrieg als Waren-Beigaben verschiedener Firmen von den Kindern eifrig gesammelt wurden.

Primitive Zootiere, um 1945
Pappe, stumpf bemalt; Kamel 7,5 cm hoch

Kochlöffel-Pferd, 2. Weltkrieg
aus altem gestopftem Socken; 46 cm
(Besitz: Fränzi Kleemann, München)

Zootiere, um 1938
Aluminium; Känguruh 4 cm hoch

Zoo, um 1945
Hartfaserplatte, stumpf bemalt, Gipstiere;
Gebäude 17 cm hoch

Kleiner Bär, 1943
Masse, Diamantine-Überzug, Glasaugen;
5 cm; Zellstoff-Bettzeug in älterer Pappschachtel

Zoo, 1950
Gehege aus Abfällen wie Pillenschachteln
usw., Tiere Polystyrol (Reklamebeigaben);
Schlangen-Terrarium 6 cm hoch
Bastelarbeit

Asthirsch 1965/70
Bastelarbeit; 30 cm hoch
(Privatbesitz)

Pfau aus Kiefernzapfen und Ahornsamen
aus: Spielzeug aus Wald und Wiese, [1941]

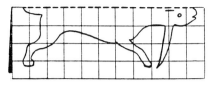

Muster für einen Papierhasen
aus: Bloch, 1913, S. 26ff.

Taschentuch-Maus
aus: Bloch, 1913, S. 23

Hühnchen, 1945
Schnitzarbeit eines Zehnjährigen, 7,5 cm
hoch

Kinder basteln Tiere

Ein Hauptspaß für kleinere Kinder ist das Basteln von »Naturspielsachen«, weil das Einholen des Materials aufregend und für manch weniger fingerfertiges Kind sogar das eigentliche Vergnügen an der Sache ist. Das Herunterschlagen von Kastanien, damit sie herrlich prall und glänzend aus der Schale platzen, das Herumstreifen, um Bucheckern, Eicheln und ihre Schüsselchen zu finden, das Sammeln von Tannenzapfen und Putzelkühen (= Kiefernzapfen), das Einfangen von flatternden Ahornsamen kann im »Sachensucher-Alter« der Himmel auf Erden sein. Die kleinen unbeholfenen Tiere mit ihren Streichholzbeinen, die aus dem Gesammelten entstehen, werden gnädig verschenkt an liebe Verwandte, die für dergleichen Verständnis haben; oder sie werden aufbewahrt bis sie grau und verschrumpelt sind.

Nicht so vergänglich waren die Sachen der größeren Kinder, ihre »hüpfenden Frösche« aus Walnußhälften zum Beispiel: Durch zwei seitliche Löchlein in der Nuß zieht man einen Bindfaden und knotet ihn an den Enden zusammen. Der Faden wird mit einem abgebrochenen Zündhölzchen solange um sich selbst gedreht, bis seine Spannkraft ausreicht, um den »Frosch« zu schnellen (etwas Wachs am rückwärtigen Ende hält das Streichholz kurzfristig fest). Die »springenden Pferdchen« beruhten auf dem gleichen Prinzip und wurden früher aus dem Brustknochen der Festgans gebastelt.

Einfach und billig kamen Kinder auch zu ganzen Tierherden und Zoologischen Gärten, wenn sie Tiere aus Papier schnitten oder sie wie ihre Väter aus Zigarrenkistchen und Sperrholz sägten. Anleitungen und Vorlagen waren in nahezu allen Beschäftigungs- und Bastelbüchern zu finden – und an diesen bestand im 19. und 20. Jahrhundert kein Mangel!

In Stuttgart gab G.H. von Schubert zusammen mit einer *Gesellschaft Gelehrter und Erzieher* schon 1834–38 ein vierbändiges Werk heraus:

Beschäftigungen für die Jugend aller Stände zur Gewöhnung an zweckmäßige Thätigkeit, zur erheiternden Unterhaltung sowie zur Anregung des Kunst- und Gewerbesinnes. Dieses Programm galt auch für die später folgenden Beschäftigungsbücher, die vor allem von den Verlagen Otto Spamer in Leipzig, J.F. Schreiber in Eßlingen und schließlich vom Otto Maier Verlag in Ravensburg herausgebracht wurden. Von künstlerischer Qualität sind die Anleitungen von Richard Rothe, Wien, zum Beispiel sein *Zoo aus Papier* für größere Kinder und *Das Märlein vom Wunderscherlein* für die kleineren.

Manch weniger begabtes Kind bevorzugte für seine Papierbasteleien allerdings die einschlägigen Produkte der Bilderbogenfabrikanten, weil ihm damit das Vorzeichnen erspart blieb. Sichere Erfolge versprachen auch die Bastelkästen der Spielzeugindustrie, die in den letzten Jahrzehnten des 19. Jahrhunderts in erstaunlicher Vielfalt angeboten wurden. Da gab es unter anderem *Barnums fahrende Menagerie*, einen *Zoologischen Garten* und einen *Tiergarten*, alle in *elegantem Pappkasten*. Sie waren mit Holzstäbchen und vorgestanzten Bauteilen zum Aufbauen der Wagen und Käfige versehen und mit farbig bedruckten Tieren zum Aufstellen bestückt. Den Kästen *Wildpark*, *Farmer* und *Afrika* waren reliefartig gestanzte Tiere beigegeben, die nach Vorlage koloriert und mit kleinen Messingfüßen aufgestellt werden konnten. In ähnlicher Ausführung wurden ein *Zirkus Renz zum Selbstanfertigen* und eine *Karawane* angeboten. Größere Anforderungen stellten die Spiele *Hausthiere, Zoologischer*

»Die kleine Stofftier-Schneiderin« aus: Katalog Borho, um 1913, S. 103

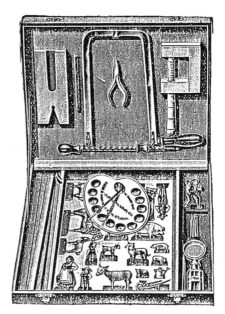

»Spielzeug aus Kinderhand« aus: Katalog Borho, um 1913, S. 106

Sperrholz-Bauernhof, um 1934 bemalt; Haus 12,5 cm hoch; nach Modellen aus einem Ausschneidebogen (Heft) gesägt

Laubsägearbeit, um 1925
(angeregt durch R. Riemerschmids Sonntagsreiter von 1905) Sperrholz, rot/schwarz bemalt, Glieder mit Schrauben beweglich verbunden; 34 cm hoch

Garten und *Circus*; ihre bunten Tiere mußten erst ausgesägt werden.
Der Holztierschnitzer, ein Arbeitskasten aus dem Erzgebirge, wurde
1892 von Heinrich Klodt in Frankfurt angeboten, einem Händler,
der sich auf didaktisches Spielzeug spezialisiert hatte. Der Kasten
enthielt zur Herstellung von *Reifentieren* eine Reihe gedrehter Ringe
aus weichem Holz, *bei denen die Umrißformen von verschiedenen
Tieren genau wiedergegeben sind. Jeder Ring durch ein Messer ge-
spalten ergibt ein Dutzend und mehr Tiere. Mit einem scharfen Messer werden die Kanten abgerundet, die beigegebenen Ohren und der
Schweif angeleimt und das Tier ist im Modell fertig. Dasselbe kann
dann noch bemalt werden....*
Ein für 1910 programmatisch klingendes Beschäftigungsspiel *Die
Kunst im Leben des Kindes* entpuppt sich als *Ein ganzer Bauernhof
aus Holz, teils fertig, teils erst zum Ausmalen präpariert*, recht ähnlich dem *Spielzeug aus Kinderhand*, welches mit Brettchen zum Aus-
sägen angeboten wurde. Für Mädchen führte man *Die kleine Stoff-
tierschneiderin*, ausgestattet mit den notwendigen Materialien und
Schnittmustern. Für alle diese Arbeitskästen wurde gern mit dem
Nachsatz geworben, *eine Beschäftigung, die jedenfalls sehr interessant und belehrend ist.*

»Der kleine Tierschnitzer«, um 1905
Beschäftigungskasten zum Herstellen von
Reifentieren.
(Besitz und Foto: Schweizerisches Museum
für Volkskunde, Basel, VI 20206)

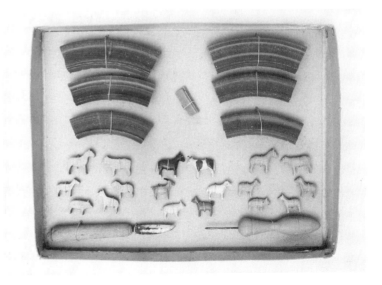

Kind mit Stoffkätzchen, um 1910
Visitfoto, Samson Wiesbaden

Kind mit Fellhase auf Holzrädern, 1878
Visitfoto, R. Bradengeier, Bromberg

Junge mit Dackel, um 1905
Visitfoto, Friedr. Schiller, Wien

Tiere zum Liebhaben

Das lebendige Schmusetier

Für Kinder früherer Generationen war das lebendige Tiere, wie in vorhergehenden Kapiteln schon gesagt, als Spielgefährte noch von großer Bedeutung. Der Hund erscheint in den Erinnerungen vieler Erwachsener als besonderer Freund der Kindertage, und manche fanden ihr *Haus nicht ganz geschildert*, wäre nicht auch von von seinem kleinsten Bewohner, dem Hund erzählt worden. *Er spielte eine große Rolle in unseren Kinderspielen, wurde getauft, getraut, eingesargt und beerdigt, was er sich alles fröhlich gefallen ließ...*[83]
Als kleines Stadtkind habe ich auf dem Land mit Staunen erlebt, wie die zwei- und dreijährigen Kinder meiner Tante ohne Angst in der Hundehütte des Hofhundes herumkrabbelten und sich später mit seinen Welpen auf dem Boden kugelten. Den Bauernkindern »gehörten« auch oft Lämmchen und Zicklein, für die sie dann selbst sorgten. Andere Kinder bekamen Ziegenböcke, weiße oder schwarze Schafe zum Geschenk, die wie bei den Kindern des hessischen Fürstenhauses zu Erbach vor einen kleinen Wagen gespannt wurden. Selbst im stadtnahen Bereich wurden Tauben, Hühner, Ziegen und vor allem Kaninchen, sogenannte »Stallhasen«, gehalten. Der in Barmen aufgewachsene Verleger Wilhelm Langewiesche (geb. 1866) erhielt beispielsweise von seinen Eltern zum 7. Geburtstag ein Paar Kaninchen geschenkt, die in einem ehemaligen Hühnerstall untergebracht wurden. Er spielte häufig mit ihnen und durfte außerdem ein lebendiges Schäfchen, Besitz seiner kleinen Freundin Mimi, am Halfterband herumführen. Diese wenigen Beispiele, die beliebig fortgeführt werden könnten, machen vielleicht verständlich, warum früher offensichtlich wenig Bedarf an ausgestopften Spielzeugtieren bestand. Erst die Verstädterung mit ihren fehlenden Kontaktmöglichkeiten zu lebenden Tieren hat schließlich dem Fell- und Stofftier zu seiner Verbreitung verholfen.

Naturgetreu mit echtem Fell

Als im 19. Jahrhundert von den Spielzeugmachern allmählich immer mehr mit weichem Fell bezogene Tiere in handlicher Größe hergestellt wurden, haben charakteristischerweise zunächst vor allem diejenigen Tiere eine Rolle gespielt, die auch als lebendes Spielzeug für Kinder in Frage gekommen waren: die Schäfchen, die Zicklein, die Hasen und die Hündchen, nicht etwa Bären.

Diese Spielzeugtiere waren noch keine »Schmusetiere« im heutigen Sinn. Es handelte sich vielmehr um naturgetreu mit Fell bezogene harte Papiermaché/Holz-Tiere, die auf Brettchen montiert und meistens mit Rädern versehen als Nachziehtiere gedacht waren. Bestelmeier bildet 1803 unter der No 223 einen *Bologneserhund* mit Standbrettchen ab, *der sehr genau nach der Natur gemacht*, fast 30 cm groß ist und *vermittelst des Drucks unter den Körper* zu bellen anfängt. Die im Sonneberger Musterbuch von 1831 gezeigten Tiere auf Fahrbrettern werden nicht näher beschrieben, und nach den Bildern ist nicht auszumachen, ob sie beispielsweise aus Papiermaché modelliert, aus Holz geschnitzt und bemalt, oder mit richtigem Fell bezo-

Bologneserhund
aus: Bestelmeier 1803, No. 223

Felltiere

hintere Reihe von links nach rechts:
Ziegenbock, Schaf und Lämmchen, um 1900; Holz/Pappmasché-Körper mit Kaninchen- bzw., Lammfell bezogen, Kopf bemalt, grüne Glasaugen, auf roten Brettchen mit versenkten Eisenrädern; Bock 30 cm hoch.
Thüringen

vorne von links nach rechts:
Hase, um 1900; Holz/Papiermasché, mit Filz und Kaninchenfell bezogen, rote Glasaugen, Satinhalsband mit Messingglöckchen, 15 cm hoch;
Hase zum Nachziehen, um 1880; aus Holz/Pappe, mit Hasenfell bezogen, rote Glasaugen, versenkte kleine Holzräder; drückt man die Flanken zusammen, so quiekt er und stellt die Ohren auf; 13 cm hoch;
Hündchen, um 1870; Holz/Papiermasché mit Leder und Fell bezogen, Glasaugen, Satinhalsbändchen; 7 cm hoch (Besitz: Historisches Museum Frankfurt am Main)

Fellkuh, Ende 19. Jh.
Pappe/Holz-Kern, Blechräder; 15 cm hoch
(Besitz: R.Knedel, Frankfurt/M.)

gen waren. In der zweiten Hälfte des 19. Jahrhunderts machten die
fell- und filzbespannten Tiere bereits einen nicht unerheblichen Teil
der Spielwarenproduktion aus, gehörten doch auch die Fellpferde
aller Arten und Größen in das Programm dieser Firmen.

Thüringen ist für die Fertigung von Felltieren bekannt, aber auch im
Erzgebirge wurden beispielsweise Kaninchen mit echtem Fell produziert, die man »Kuhhasen« nannte.[84]

Ein Teddybär für's Bett

Die weichen Schmusetiere sind nicht alt. Mag es auch früher hie und
da solche Tiere aus Stoff, Filz und Samt gegeben haben, so wurden
sie doch erst gegen Ende des 19. Jahrhunderts in größeren Mengen
serienmäßig als *weich- oder festgestopfte Plüschtiere* auf den Markt
gebracht.

Die Felltiere, im letzten Jahrhundert noch die wichtigsten Spielzeug-
tiere zum Liebhaben, verloren ihre Bedeutung. Die Filz-, Samt- und
Plüschtiere wurden nun zu den Freunden und Tröstern der kleinen
Kinder, zu ihren liebsten Bettgenossen und schließlich zu einem der

typischsten Spielzeuge unseres Jahrhunderts. Sie waren für Buben wie Mädchen gleichermaßen da und ersetzten dem Jungen die Puppe, die in wilhelminischen Zeiten für ihn tabu war.

Zu den Herstellern dieser Tiere gehörte eine große Zahl von Firmen in Nürnberg und um Sonneberg. Sie wurden allerdings etwas aus dem Gedächtnis verdrängt durch die große Bedeutung, die schließlich die Firma Steiff in Giengen an der Brenz auf diesem Sektor erlangt hat. Von einer »Erfindung« des Stofftieres durch Margarete Steiff kann jedoch in dieser Ausschließlichkeit nicht die Rede sein, denn die Übergänge von den Fell- und Filztieren mit hartem Kern zu weicheren Stofftier-Körpern waren fließend. Trotzdem ist die Geschichte, die sich um die Anfänge dieser Firma und, was noch interessanter ist, um die Ursprünge des Teddybären rankt, recht reizvoll:

Margarete Steiff (geb. 1846) war durch Kinderlähmung an beiden Beinen gelähmt. Sie nähte zunächst aus dem Filz, der in ihrer Heimatstadt Giengen a.d. Brenz produziert wurde, Bekleidung verschiedener Art und machte nebenbei kleine Stofftiere, unter anderem (ca. 1880) auch einen kleinen Elefanten aus grauen Wollfilzresten als Nadelkissen. Die Tiere kamen bei ihrer Kundschaft gut an, und so konnte sie einige Jahre später bereits 596 Stück als Spielzeug verkaufen; 1896 waren es schon 5066 kleine Filzelefanten! Außerdem arbeitete Margarete Steiff in diesem Jahr einen Esel, ein Pferd, ein Schwein und ein Kamel und im Jahr darauf ihren ersten Bären.

Auf der Leipziger Messe 1903 bestellte am letzten Messetage in Amerikaner 3000 Plüschbären bei ihr und kurz darauf nochmals dieselbe Menge. Damit war der Durchbruch gelungen. Mit einem Umweg über Amerika gab es schließlich auch in Deutschland einen Teddyboom.

Sowohl der Name wie der Ursprung des Teddys wird – je nach Standort – unterschiedlich dargestellt. In der Version der Firma Steiff wurde die Tafel für ein Fest im Hause Roosevelts mit Bären der Firma geschmückt, und Theodor Roosevelt, der ja selbst Teddy genannt wurde, soll ihnen seinen Namen gegeben haben.

Die heute größte Bärenfabrik Amerikas, die Ideal Toy Corporation, sieht ihre Anfänge zwischen 1902 und 1905 ebenfalls in einem kleinen Stoffbären, den der Firmengründer Morris Mitchtom von seiner Frau nähen ließ, angeregt durch eine Zeichnung Clifford Berrymans.

Kind und Bär, 1931
Amateurfoto

156

Kind mit bekleidetem Bären, um 1910
Cabinetfoto anonym

Diese Zeichnung stellte Teddy Roosevelt mit einem kleinen Bären dar und hatte, vielfach in der amerikanische Presse veröffentlicht, zu Roosevelts Populartät beigtragen – und damit auch den kleinen »ersten Teddy« begünstigt.

Es sind noch weitere Entstehungsgeschichten in Umlauf. Manche gehen sogar auf französische Bären des frühen 19. Jahrhunderts zurück. Die Bären jener Zeit, die ja auch in Musterbüchern deutscher Spielwarenhändler bzw. -Hersteller abgebildet sind, scheinen freilich mit einem Teddy wenig zu tun zu haben. Es handelt sich dabei um naturalistische Bären, dressierte und deshalb aufrechtgehende wilde Tiere an der Kette. Wie Giraffen, Elefanten oder Affen wurde damals auch der wilde Braunbär einem staunenden Publikum vorgeführt. Und als solcher ist er damals auch im Spielzeug dargestellt worden.

Der Teddybär aber ist alles andere als ein interessantes wildes Tier, er ist eher ein »haariges Kleinkind« und leitet eine Spielzeugserie ein, die im Laufe des 20. Jahrhunderts immer mehr Mode geworden ist, eine Serie von »Tieren«, die eigentlich gar keine sind.

Bären »von 10-70 cm«
aus: Katalog Niessner, um 1930, S. 8

157

Stoff-Tiere mit Holzwolle gestopft, meist Glasaugen

Links: Affen
in Schlinge hängend: »Fips«, um 1925; Glieder beweglich, Samt, Schuhknopfaugen, 29 cm; auf seinem Schoß: Steiff-Äffchen, 1951 (Besitz: Almut Junker, Frankfurt am Main);
an der Schnur von unten nach oben:
1. »Mungo«, um 1940, sitzend, Kopf beweglich, Baumwoll/Kunstseiden-Plüsch, Steiff;
2. Affe mit Filzhütchen, um 1965, Kunstfaser-Plüsch; 3. Affe, um 1950, Mohair-Plüsch, Steiff; 4. und 5. braunes und blondes Steiff-Äffchen, um 1965;
5. goldgelbes Äffchen um 1960, 6., 7. oben und links unten sitzend Steiff-Äffchen.

rechts oben: Katzen 1945/52
von links nach rechts: »Kitty« (20 cm hoch) mit Jungem, 1949; Kopf und Glieder beweglich, Mohair-Plüsch, Steiff; abgewetztes Kätzchen, um 1940, Baumwoll-Plüsch. »Molly«, 1940 und »Susi«, 1960, Baumwoll- bzw. Mohair-Plüsch; Steiff.

rechts unten: Stoff-Hunde
hinten von links nach rechts: Hündchen, Baumwolle, gefleckt, und »Bully«, Samt, beide um 1925; Rottweiler, um 1935, Mohair-Plüsch, Steiff (Besitz: Katharina Reiff, Frankfurt/M.); »Fluffy« mit Hundehütte, um 1935, Steiff (Besitz: Ernst Schindel, Frankfurt/M.) vorne: Dackel, 1905, Kopf und Glieder beweglich, Mohair-Plüsch (abgewetzt), Schuhknopfaugen, Stimme, Lederhalsband, 42 cm lang, Margarete Steiff, Giengen a.d. Brenz

Ein Zoo aus Stoff

Bei aller Bedeutung, welche die Bären hatten – und gefördert durch die Begeisterung der Sammler auch heute wieder haben – die eigentlichen »Bärenjahre«, die Zeit, als der Bär der wichtigste Verkaufsschlager der Branche war, dauerten nur von 1903 bis 1907. Aber auch in diesen Jahren und in den Jahren davor waren gleichzeitig andere Stofftiere hergestellt worden, denn immer mehr Firmen hatten sich dem interessanten Geschäft der Stofftier-Produktion zugewandt und begonnen, sich Konkurrenz zu machen. Längst gab es Hunde der verschiedensten Rassen, Katzen, Hasen, Affen, Esel, Elefanten und so weiter. Und als Reittiere waren inzwischen außer Pferden und Eseln auch exotische Tiere zu haben. Jedes bessere Stofftier hatte nun eine natürlich klingende Stimme, die beim Drücken auf den

Gockel, 1935
Mohair-Plüsch, Filz; 14 cm hoch
Margarete Steiff, Giengen a.d. Brenz

159

Hoppelhäschen, um 1910
Filz, Schuhknopfaugen; Excenter; 13 cm hoch
Margarete Steiff, Giengen a.d. Brenz

»Kolundro-Verwandlungstiere«, 1914
Inserat (Kohler & Rosenwald, Nürnberg)

Affe, 1925
Mohair-Plüsch, Filz, Ledermund, Glasaugen; 35 cm hoch; der Kopf läßt sich mit Hilfe des Schwanzes drehen und auf und ab bewegen
Schreyer & Co (Schuco), Nürnberg

Bauch oder beim Kippen des Tieres aus einem kleinen eingebauten Balg ertönte.[85] Daß die Tiere dieser Zeit auch laufen lernten, wurde schon erwähnt.

Verschiedene Firmen, nicht nur Margarete Steiff, auch Schuco in Nürnberg und Schnepff in Coburg brachten nun Bären und Äffchen in Form von Handpuppen, sogenannte *Bibabo*-Figuren, als Neuheit auf den Markt. Wilhelm Strunz in Nürnberg meldete 1910 ein Patent an auf seine *Husch-Husch Muff-Tiere*, und Schnepff vertrieb 1914 ein Umhängetäschchen in Tierform mit dem Vermerk: *Bibabotasche – kann als Tasche und Bibabo-Figur gebraucht werden.* Im gleichen Jahr machte Kohler & Rosenwald in Nürnberg Reklame für die neuen *Kolundro-Verwandlungstiere.* Damit vermochte das Kind *auf leichte, amüsante und lehrreiche Weise ... eine Sorte in eine andere zu verwandeln, beispielsweise einen Bären in einen Hasen oder Affen ... Köpfe, Arme und Beine (konnten) bei diesem Beschäftigungsspiel durch einfaches Andrücken bzw. Abnehmen am Körper befestigt und wieder abgenommen werden.*[86]

Der Novitäten-Rummel verebbte im Lauf der Jahre, aber die grundsätzliche Liebe zu den Plüsch- und Filztieren blieb bestehen. Der Ma-

160

Reitesel, um 1905
Filz, Schuhknopfaugen, Lederzaumzeug, Eisenräder; 42 cm hoch
Margarete Steiff, Giengen a.d. Brenz

Äffchen, 1916
Handpuppe (Bibabo), Mohair-Plüsch, Filz,
Glasaugen; 22 cm hoch
Margarete Steiff, Giengen a.d. Brenz

terialmangel, der schon im Ersten Weltkrieg zu Problemen geführt hatte, brachte allerdings im Zweiten Weltkrieg die Produktion fast zum Erliegen, da nützte auch die Umstellung auf Kunstseidenplüsch (Zellwollbasis) wenig.

In den 50er Jahren gab es dann allerdings einen neuen Aufschwung. Nun stand Margarete Steiff mit ihrer Produktion, den sorgfältig der Natur nachgearbeiteten Tieren aller Art, was Qualität und Auswahl betraf, wieder eindeutig an der Spitze. Übrigens begannen junge Mädchen damals schon die reizvollen Miniatur-Zootiere zu sammeln.

Von den lebensecht gearbeiteten Tieren der 50er und 60er Jahre ist man inzwischen abgekommen. Alle Firmen sind zu Tierformen übergegangen, die dem verkaufsträchtigen »Kindchenschema« entsprechen. Die Tiere der Firma Steiff wirken immer noch vergleichsweise »natürlich«, auch Sigikid-Tiere und einige andere sind noch als Tiere zu erkennen; die bonbonfarbenen Knautschtiere aus Ballonseide leiten bereits über zu den »Schmuse-Monsters« in Schockfarben, die eigentlich keine Tiere sind.

Tiere, die keine sind

Die Phantasiegestalten, die heute die Kinderzimmer bevölkern, haben ihre Vorläufer, in den als Menschen verkleideten Tieren. Auf den Bildern von der »verkehrten Welt«, schießen sie als Hase den Jäger, schlachten sie als Schwein den Metzger. Sie sind uns vertraut aus den berühmten Fabeln des Griechen Äsop, des Franzosen Lafontaine und dem vielfach daraus schöpfenden Lesestoff der Kinder- und Schulbücher. Auch Märchen haben ihre Weisheiten und Lehren »eingekleidet«, damit sie leichter verstanden und angenommen werden. Bestimmte Tiere sind dabei Symbole für bestimmte menschliche Eigenschaften. Und diese Symbole werden innerhalb des Kulturkreises, in dem sie sich entwickelt haben, ohne weiteres verstanden. Mit dem tatsächlichen Wesen der Tiere brauchen diese Eigenschaften dabei nicht viel zu tun haben. So gilt heute noch der Fuchs als schlau, der Esel als dumm, der Bock als geil, die Schlange als falsch.

Vermenschlichte Tiere

Dackel als Jäger, 1953
Mohair-Plüsch, bekleidet; 25 cm Margarete Steiff, Giengen a.d. Brenz. (Besitz: Irene Düll, Frankfurt/M.)

»Macki« und »Mucki«, um 1970
Weichplastik, Haare und Brustfell Mohair-Plüsch; 11,5 cm.
Margarete Steiff, Giengen a.d. Brenz

»Matamorphosen« im Schattentheater
Der Bauer wird zum Ochsen, der Schüler zum Esel;
Lithographie, Ausschneidebogen No 5., Pellerin, Epinal Nr. 1660, um 1890 (nach älteren Vorbildern); 45 x 46,2 cm

162

Karikierte Tiere

Die Druckerzeugnisse für Kinder standen bis in unser Jahrhundert in dieser Tradition. Auch in der Karikatur machte man sich den Symbolcharakter der Tiere zunutze. Verschiedene neue Impulse aus diesem Bereich hat die Industrie nach 1900 in Spielzeug umgesetzt, indem sie aktuelle Ereignisse kultureller oder politischer Art sofort aufgriff. Als zum Beispiel 1910 Edmond Rostands (geb. 1868) Theaterstück »Chantecler« (= Kikeriki), welches die französische Selbstherrlichkeit aufs Korn nimmt, uraufgeführt wurde, brachte man noch im gleichen Jahr den »eitlen Gockel« des Stücks mit dem Gesicht und den Beinen eines Menschen und dem farbenprächtig befiederten Körper eines Hahns auch als Stofftier sowohl in Frankreich wie in Deutschland auf den Markt.

Im allgemeinen scheinen in Deutschland die meisten Spielzeugmacher zunächst *starke Verzerrungen* abgelehnt zu haben. Von der Deutschen Spielwaren-Zeitung wurde ihnen deshalb seit deren Erscheinen 1909 immer wieder zugeredet, nicht nur für den Geschmack ihrer Landsleute zu produzieren, sondern dem Export zuliebe besonders auf den anders gearteten Geschmack der Amerikaner einzugehen: *Amerikaner lieben mehr das Kuriose, das Komische, das Überzeichnete.* Schon 1912 konnte die nämliche Zeitung dann *Karikaturen von Tieren,* als *die hübschesten und originellsten Neuheiten* preisen. Man hatte zwar noch einige Bedenken, daß Karikaturen *zu wenig dem kindlichen Geschmack entsprechen, der nach Naturwahrheit verlangt,* beruhigte sich aber damit, *daß es dem Fabrikanten Fleischmann & Blödel in Fürth gelungen* (sei), *gerade die charakteristischen Teile zu übertreiben und auch diese nicht zu stark. Besonders glücklich* (sei) *auch die Verwendung der großen beweglichen Schielaugen, die es dem Kinde ermöglichen, auf den Gesichtern einen verschiedenartigen Ausdruck hervorzubringen.*[87] Diese Tiere, die unter dem grotesken Namen *Familie Kurzhals* liefen, besaßen extrem lange Hälse, große runde Köpfe, winzige Körper und »witzige« Kopfbedeckungen. Sie waren nur noch »komisch«, weder mit den unterstellten noch mit den echten Eigenschaften der Tiere hatten sie etwas zu tun. Das Gleiche trifft zu auf die 1914 auf den Markt gekommene

Ankleide-Katze, Ende 19.Jh.
satinierter Karton, chromolith. besdruckt;
20,5 cm hoch

Inserat in der DSZ, 1929 (Celluloidwaren-Fabrik Carl Standfuß, Freital-Deuben)

»Bekleidete Stehauf-Tiere«, 1937
Inserat in der DSZ (Nürnberger Celluloidwarenfabrik Gebr. Wolff GmbH.)

164

Mickeymouse
Wolle über Draht gewickelt; 25 cm hoch,

Schmuse Monster, 1986
Kunstfaser, Weichplastik
Am Toy, Cleveland Ohio

Familie Adelstelz, einer Darstellung komischer Vögel in verschiedener menschlicher Kleidung der genannten Firma, und auch auf die *kuriosen angezogenen Tierfiguren* der Firma Julius Engelhardt in Sonneberg.

Im Ersten Weltkrieg griff man noch einmal auf die alte Symbolsprache zurück und setzte nun Tierfiguren zur Verunglimpfung der Gegner ein. Die Deutsche Spielwaren-Zeitung kommentierte 1915 einige Neuerscheinungen der Branche: *Vor allem wurde der jetzigen Zeit Rechnung getragen und den Artikeln ein an die großen Ereignisse unserer Tage gemahnendes Aussehen gegeben. Ganz besonders gelungen ist eine Gruppe »Die Familie Lügenmaul«, unsere 7 Feinde, dargestellt durch komisch gekleidete Tiere aus Filz und Mohairplüsch.* Die abgebildeten Tiere Hahn, Bär, Schwein, Wolf, Affe und Hund tragen die entsprechenden Uniformen, und der Franzose ist beispielsweise als *gallischer Hahn*, der Engländer als *englischer Kläffer*, der Serbe als *serbischer Hammeldieb* bezeichnet.[88]

Neuartige Wesen

Um diese Zeit waren die symbolisch als Tier dargestellten Menschen im allgemeinen bereits »vermenschlichten Tieren« gewichen, in die man keine »tiefere Bedeutung« mehr legte. Der Teddybär von 1903 war Jahr um Jahr mehr von einem relativ naturalistischen Tier zu einem puppenartigen Wesen geworden mit liebem Gesichtsausdruck und den Proportionen eines Kindes, rund, großköpfig, kurzbeinig.[89] Er war der Prototyp des »Kindchenschemas«, dem die anderen Spielzeug-Tiere schließlich nacheiferten. *Aus dem schokoladebraunen zottigen Bär sind die allerverschiedensten Teddy-Tiere geworden, wie Katzen, Schafe, Hunde, Affen Löwen, aber alle unter dem Namen »Teddy«. Die Eigentümlichkeit dieses Spielzeugs aber liegt darin, daß alle diese Tiere aufrecht stehend gehalten sind, also nicht wie früher auf allen Vieren. Dadurch kann das Kind das Spielzeug an sich nehmen wie eine Puppe.*[90] Inzwischen haben nahezu alle Stofftiere einen stark übertriebenen Babycharakter und sind dazu oft auch noch »kuschelweich« oder »knautschig«.

165

Tiere, »die keine sind«

hinten von links nach rechts:
Drei Walt Disney-Figuren, um 1965, Filz, Weichplastik und Gummi;
Biegetiere, um 1955, Weichplastik über Biegedraht, mehrfarbig; Giraffe (Werbung für Farbwerke Hoechst), Prinz Lurchi (für Salamander); Giraffe (23 cm hoch), Schleich, Schwäbisch Gmünd.
Monster 1984; beweglich, der Echsenmensch kann sich festsaugen, beim anderen Monster kann man die Augen herausschieben; Plastik, mehrfarbig; Mattel GmbH, Babenhausen

Mitte von links nach rechts:
Ente, um 1950, Blech, farbig bedruckt, watschelt (Schwanz als Aufziehschlüssel); Freunde Prinz Lurchis, um 1970/75, mit Stimme; Weichplastik, mehrfarbig;

vorne von links nach rechts:
Phantasie-Raupe, um 1955, aufziehbar, Gehäuse Polystyrol; »TRI-ANG-TOYS«, England;
»Bonzo«, um 1925, Celluloid, teilweise bemalt; Japan

Eine andere Gruppe neuartiger Wesen unter den Tieren, »die eigentlich keine sind«, wurden nach den damals begeistert aufgenommenen Cartoons und Comics aus Amerika gestaltet. Krazy Kat wurde zum Beispiel 1913, Bonzo in den 20er und die Meckis[91] in den 50er Jahren kreiert. Walt Disney hat zur Schaffung solcher neuer Mensch/Tier-Gestalten wesentlich beigetragen; auch Reklamefiguren wie Lurchi von Salamander hatten natürlich ihren Anteil. Für unsere Zeit haben wohl am intensivsten die phantastischen Filme der letzten Jahrzehnte mit ihren Monsters und Fraggles, mit Alf und anderen guten und bösen Ungeheuern von fremden Planeten die Produktion von tierisch/menschlichen Phantasiegestalten im Kinderspielzeug gefördert. Zur Zeit bedrängen Kinder ihre Eltern, um eins der großen grellfarbenen *Schmuse-Monster* zu bekommen, die mit Handschellen an dickgliedrigen Plastikketten zum Kauf angeboten werden.

Man sollte bei allem Entsetzen darüber nicht vergessen, daß auch in Grimms Märchen *einer auszog, das Gruseln zu lernen*, daß man von *La Belle et la Bête* begeistert ist, daß man Sendak's *Wo die wilden Kerle wohnen* als ästhetisches Bilderbuch akzeptiert und so fort.

Die schrillen Gruseltiere der heutigen Kinder sind Ausdruck unserer Zeit. Das Kind, das sich in selbsterlebten Abenteuern im Freien austoben konnte, brauchte die Flucht in eine Phantasiewelt zu komischen »Tier-Menschen« sicherlich weniger als heutige Kinder, die eingeengt unter ständiger Beaufsichtigung in Stadtwohnungen leben.

Bonzo und seine Familie, 1928
Inserat in der DSZ (Celluloidwaren-Fabrik Carl Standfuß, Freital-Deuben)

Material – Herstellung – Hersteller

Geflügel aus unterschiedlichen Materialien

oberste Reihe von links nach rechts:
Hahn, Chromolithographie auf Pappe in Holzständer mit Reklameaufdruck; Hahn, Flachholz geprägt und bemalt; Kücken, Huhn und Gockel aus Hartmasse, bemalt; alle Tiere um 1935

zweite Reihe von links nach rechts:
Ente aus Brotteig/Masse, bemalt, um 1850; Hühnervolk, Holz (Reifen), beschnitzt und bemalt, um 1910; Huhn, Holz (Reifen), beschnitzt, natur, um 1890

dritte Reihe:
Huhn, Fasan, Ente und Hahn aus dünnwandigem Celluloid, bemalt; Zinnfüße, Huhn mit »Stehauf-Fuß« aus Blei; alle Tiere um 1900

unterste Reihe:
links Rebhuhn, rechts außen Huhn aus Porzellan, bemalt, mit Zinnfüßen, 5,3 cm hoch; in der Mitte Tauben aus Blei, bemalt; alle Tiere um 1880

Material, Herstellung und Hersteller sollen, soweit sie sich in den verschiedenen Abschnitten des thematisch gegliederten Buches wiederholen würden, in diesem letzten Kapitel abgehandelt werden.
Da Spielzeugtiere nahezu aus allen Materialien und von fast allen Spielzeugmachern in irgendeiner Form produziert worden sind, ist es nicht möglich, alle Einzelheiten über die Herstellung unterzubringen und alle Hersteller zu zitieren. Es wird jeweils nur das Allerwichtigste mit Schwerpunkt auf älteren Belegen aufgeführt. Den im folgenden erwähnten Firmen ist, wenn mir bekannt, die Zeit ihres Bestehens beigefügt. Zusammen mit ihren Produkten – allerdings nur, soweit es sich um Tiere handelt – ist das jeweilige Jahr zitiert, in welchem sie in Inseraten erschienen oder in Quellen erwähnt worden sind.
Bei bereits gründlich erarbeiteten Gebieten ist auf weiterführende Literatur verwiesen.

Blech

Kinderspielzeug aus Blech wurde zunächst vom Klempner in Handarbeit produziert; erst um die Mitte des 19. Jahrhunderts kann man mit dem Aufkommen der neuen Eisenwalzwerke, der Blechdrückerei, den verbesserten Stanzen und Schneidemaschinen, von einer eigentlichen Blechspielzeug-Industrie sprechen. Die Idee, diese Bleche anstelle der Lackierung lithographisch zu bedrucken, bestimmte das Bild dieses Artikels und führte mit zu seinem Erfolg. Als bedeutendste Blechspielzeugzentren entwickelten sich zunächst Nürnberg-Fürth und Württemberg und Ende des Jahrhunderts dann Brandenburg a.d. Havel.

Einfache Blechspielwaren

Dazu gehören einfache Tiere, auf Rädern, mit wackelnden Körperteilen, Cri-Cri, Schreihähne, Kuckuckspfeifen. Sie waren vor allem Massenartikel für »Wundertüten«, für den Jahrmarkt, für den »Mann mit dem Bauchladen« und als Werbegaben.

Hersteller:
Felix Schlimper, Berlin; Rudolph Liebe, Berlin; Hans Thoma, Burgfarrnbach; Jean Höfler & Co., Fürth.

Schreihähne (Jahrmarktspielzeug), um 1940
Blech, farbig lasiert, Filzkämme, Federreste;
8 cm hoch

Mechanische Blechspielwaren

Blechtiere waren überwiegend bedruckt, oft auch mit Filz oder Plüsch bezogen. Unter den Antriebsarten war die Reibung das einfachste Prinzip (Friktionsantrieb). Man setzte durch Schnurzug ein Schwungrad in Bewegung, dessen Achse auf den Felgen des Laufrades auflag und es dadurch antrieb; auch durch direktes Anschieben des Schwungrades konnte man die Kraft auf die Laufräder übertragen. Der beliebteste Mechanismus aber war wohl das Federtriebwerk, bei den älteren Spielzeugen spiralig gewickelte Klaviersaiten, später überwiegend Flachfedern, die mit einem Schlüssel aufgezogen wurden, das heißt Spannung bekamen. Ein zwischengeschaltetes

No. 1200. Laufender Tiger. 25 × 13 × 7 cm.

Laufender Blech-Tiger, 1913
Inserat in der DSZ (Hecht & Weippert,
Nürnberg)

170

Zahnradgetriebe übertrug beim Zurücklaufen der Feder in den ursprünglichen Zustand die Kraft auf die Räder.

Hersteller:

Gebrüder Bing, Nürnberg (ab 1879–1932). Um 1900: Katze/Maus; 1902: Circuspferd, Pudel, Osterhase, Straußenreiter mit Uhrwerk; 1912: Filz- und Plüschtiere aller Art mit Uhrwerk, Trippel-Trappel-Tiere, Glockenroller.

Hecht & Weipert, Nürnberg. 1913: mechanische Schwimm-, Spring- und Lauftiere.

Georg Köhler, Spiel- und Metallwarenfabrik Nürnberg (seit 1932). Aufziehtiere aller Art.

Lehmann, Brandenburg (seit 1879). 1889: Straußenwagen; zwischen 1896–99 viele neue Tiere: der natürlich fliegende Vogel, der störrische Esel, Hahn und Hase, Kletteraffe Tom, spielende Mäuse, laufende Tiere, zahmer Seehund. Die Produktion ging im 20. Jahrhundert bis heute weiter, manches Tier kam dazu, manches wurde aus dem Programm genommen (Literatur: Jürgen & Marianne Cieslik, 1.)

Georg Levy, Nürnberg (1920/21–1970). Tiere auf Räderbrettchen.

Georg Adam Mangold (später Gama), Fürth (seit 1881). 1922: »langsam laufende Tierfiguren«.

Meier & Weber, Altona. 1914: mechanische Plüschspielwaren, bellender Tierkopf.

A. Reißmann, Fürth. 1844: Mäuse und Eichhörnchen mit Laufwerken.

Schreyer & Co. (ab 1924 Schuco), Nürnberg (1912–1976). 1913: Hupf-Tiere; 1925: Tiere mit beweglichen Köpfen, Purzeltiere.

Leonhard Staudt, Nürnberg (1867–1928). 1888: schwimmende Schwäne, Pferdefuhrwerke; 1907 und 1912: Schwimmtiere, laufende Hunde, Schweine, Katzen, Bären.

Tipp & Co., Nürnberg (1912–1971). 1922: Mech. Blech Fahrtiere.

Schweinchen, um 1935
Blech bedruckt, aufziehbar; 3,2 cm hoch

Celluloid

Ab Mitte der 90er Jahre des letzten Jahrhunderts wurde Celluloid noch zurückhaltend in der Spielzeugproduktion eingesetzt, aber nach 1900 kam es bei Händlern und Verbrauchern so hervorragend an, daß ein regelrechter Boom mit zahlreichen Firmengründungen die Folge war.

Celluloidtiere wurden aus röhrenförmigem Grundmaterial (Nitrozellulose + Kampfer und Varianten) bei gleichzeitiger Erwämung in Formen geblasen und erst nach dem Erkalten aus der Form genommen.

Stehauf-Ente und -Hühnchen, um 1910
Celluloid, bemalt; 5 cm hoch

Hersteller:

Bayerische Celluloidwarenfabrik, vorm. Albert Wacker AG, Nürnberg (1897–1943). 1922: Schwan, Löwe, Stehauf; 1925: Sortiment magnetischer Schwimmtiere; 1926: Celluloidtiere mit auswechselbarem *Roller-Schwimm-Flug-Triebwerk*.

A. Hagedorn & Comp., Osnabrück (seit 1897). 1910: Rassel Tiere.

Dr. P. Hunaeus, Hannover-Linden (1890–1930). 1910: beweglicher Hase, der auf einer Schräge laufen kann, Tiere mit beweglichen Gliedern; Stehauf-Tiere; 1911: Rassel-Tiere, Stehauf-Tiere; 1912: Schwimmtiere, Schaukelvögel; 1913: *Neue 10 Pfennig-Artikel*, Haustiere und Schaukelvögel; 1924: Zootiere, Geflügel.

Franz R. Kirchner, Stützerbach/Thür. 1925: Haustiere, Schwimmtiere, Geflügel.

Kohl & Wengenroth, Kowenko, Offenbach/M. (1864–1926). 1925: Schwimmtiere mit Fischnetz, Beißring mit Schwan, Wunderkugel mit Schwimmtieren

Langermann & Heil, Nürnberg. 1910: Stehauf-Tiere.

Paul Müller, Stein bei Nürnberg (seit 1911). Schwimmtiere, Rassel mit Vögeln.

Rheinische Gummi- und Celluloidfabrik, Mannheim-Neckarau (seit 1873). 1912: Eisbär auf Rädern laufend; 1913: Wolf und 7 Geißlein, Pferd, Rassel-Tiere, Schwimmtiere, Serie Tierpuppen mit beweglichen Armen, Seelöwe, Schwimmenten, Kuckuck und Papagei mit Stimme; 1935: Stehauf, Schwimm- und Nachzieh-Tiere, Bärchen mit beweglichen Armen.

Schwäbische Celluloidwaren-Fabrik, August Haidorfer (1912/13–1967). Schwimmtiere, Stehauf-Storch.

Süddeutsche Zelluloidwarenfabrik GmbH., Nürnberg. 1922: Schwimmtiere, Stehauf-Tiere.

Karl Standfuß (Juno), Deuben bei Dresden, (etwa 1898–1930/31). 1926: Bonzo; 1929: Scherz-Tiere, Puppen mit Tierköpfen.

Gebrüder Wolff GmbH, Nürnberger Celluloidwarenfabrik, Nürnberg (1894–1967). Stehauf-Tiere (menschlich bekleidet).

Literatur: Reinelt

Schaukelvögel, 1910/15
Celluloid, bemalt; durchschn. 10 cm hoch
(z.T. Tischkartenhalter)

Hund, um 1910
Celluloid, bemalt; 6,5 cm hoch
»Nori«

Haustiere, um 1910
Celluloid, 2–3 cm hoch

Inserat in der DSZ 1914

173

Fell, Leder, Stoff

Inserat in der DSZ 1909

Fell, Leder und Filz wurden im 19. Jahrhundert auf einen harten Kern gezogen, der bei kleinen Tieren aus Papiermaché- oder Pappe bestand. Huftieren wurden geschnitzte Holzbeine eingesetzt. Für größere Tiere, beispielsweise Reittiere verwendete man Holzkerne. Ende des letzten, vor allem aber in unserem Jahrhundert kamen »gestopfte« Tiere dazu. Ihr Körper war entweder mit weichen Materialien gefüllt oder wie die meisten Plüschtiere mit Holzwolle »fest gestopft«.

Hersteller:

Josef Deuerlein Nachf., Nürnberg. 1909: Reittiere, Filz- und Plüschtiere, unverwüstliche Fahrtiere.

Eduard Crämer *Educa*, Schalkau i.Thür. (seit 1896). 1925: Plüschtiere, Gelenkaffen, Teddybären, Fahrtiere.

Hermann Dürr, Nürnberg. 1909: Filz- und Plüschtiere, Spezialität Bären und Hasen.

Hermann Engelhardt, Rodach/Coburg. 1909: u.a. Fell-Tiere auf Rädern mit Leine.

Hali-Werkstätten, Carl Herrmann, Sonneberg/Thür. 1936: Bewegbare Tiere.

Carl Harmus jr., Sonneberg. 1913: Felltiere; 1940: Plüschtiere, Reit- und Fahrtiere; 1942: Miniaturtiere mit Fell.

J. Hermann Nachf., Sonneberg. 1922: Plüschtiere, Spezialität Teddybären.

Edmund Knauth, Orlamünde/Thüringen (seit 1864). Felltiere, Reitpferde, Gespanne (ich danke Herrn Otto Hahn, Rudolstadt, für den Hinweis).

Adalbert Morgenroth, Heldritt bei Rodach (seit 1882). 1925: u.a. Leder- und Felltiere; 1926: Tiere aus Pappfilz; 1929: bewegbare Tiere.

Nürnberger Stoffspielwaren-Fabrik Kohler & Rosenwald, Martin Winterbauer Nachf. (Kolundro) Nürnberg. 1913: Laufende Tiere in natürlicher Bewegung, schaukelnde Papageien.

Nürnberger Stoff-Spielwaren-Industrie Josef Pitrmann. 1913: Tiersortimente, Geflügel.

A. Schnepff, Coburg. 1914: Stofftiere, Bibabo-Tiere.

Margarete Steiff, Giengen an der Brenz (Knopf im Ohr). Ausführliche Literatur: Mandel 1, 2.

Wilhelm Strunz, Nürnberg (seit 1902). 1908: Tierfiguren (bis zu diesem Zeitpunkt Knopf im 0hr, nach Rechtsstreit mit Steiff Auszeichnungszettel mit Drahtheftklammer am Ohr).

Robert Unger, Waltershausen i.Thür. (seit 1901). 1925: Feine Plüsch- und Filztiere.

Oskar Windisch, Seiffen. 1914: Felltiere, Schafe und Hunde in billigster und besserer Ausführung.

Affe der Fa. Margarete Steiff, vorgestellt in: Die Kunst 22. Bd. 1910, S. 486

Inserat in der DSZ 1925

Zoo der Margarete Steiff, 1949–1970

Glas

In Deutschland kamen aus Steinach und schließlich aus der gesamten Gegend um Lauscha in Thüringen die meisten Glastiere. Sie waren aus dem Rohr vor der Lampe geblasen und zum Teil aus Massivglas gefertigt. Nach dem 2. Weltkrieg entstand in Coburg ein zweites Zentrum; zur besten Ware, die von dort kam, gehören die naturgetreuen Glastiere des A. Müller-Bauer (geb. 1894).

Glasmurmeln mit eingeschlossenen »Silbertieren« wurden ebenfalls in Thüringen hergestellt, vor allem zwischen 1850 und 1910. Die kleinen Tiere formte man aus Gips, Kaolin und ähnlichen Materialien in Modeln aus, trocknete sie und arbeitete sie in das erweichte Glas ein; dabei bildete sich zwischen Figur und Glas ein Luftspalt. Die sich daraus ergebenden Reflexe verleihen den Tieren den begehrten Silberglanz.[92]

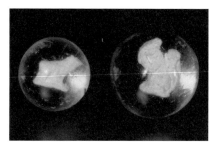

Glasmurmeln mit eingeschlossenen Tieren

Gummi

(Kautschuk = ein tropisches Baumharz). Man begann schon Mitte des letzten Jahrhunderts damit, Spielzeug aus Gummi herzustellen. 1859 zeigt der Katalog der Gummi-Spielzeugfabrik Albert Cohen, Vaillant & Co. in Hamburg-Harburg bereits eine große Auswahl von Menschen- und Tierfiguren, außerdem Katzen- und Hundeköpfen als Bälle.

Eine mit dem Kalander ausgezogene Gummiplatte wurde in der dem geplanten Spielzeugtier entsprechenden Größe zugeschnitten. Mit Hilfe von Patrizen wurden diese Abschnitte in Matrizen gepreßt und anschließend die Patrizen entfernt. Nach Einführung eines Blähmittels preßte man die Matrizen der beiden Tierhälften aufeinander, und der so entstehende Rohling, der bereits die grobe Form des endgültigen Tieres hatte, wurde in einer Heizform vulkanisiert. Dabei verklebten die Kanten, und der Gummikörper wurde durch die Wir-

Gummitiere mit Stimme, um 1900/1930

kung des Blähmittels von innen an die Konturen der Heizform ange-
drückt. Nach dem Erkalten wurde entgratet, die Figur aufgebohrt
und das Blähmittel entfernt.

Hersteller:

Rheinische Gummi- und Celluloidfabrik, Mannheim-Neckarau (seit 1897). 1935:
   Schildkröt-Gummispielzeug, Hunde, Zicklein, Schäfchen, Katzen, Pferde; 1936:
   massive fahrbare Tiere.
Hermann Steiner KG (Steha), Neustadt bei Coburg. 1953: Gummitiere, Fahrtiere.

Aufblasbare Gummispielwaren

Sie waren dünnwandig und wurden aus unvulkanisierten Gummi-
blättern hergestellt. Man legte diese sie übereinander, stanzte die Figuren aus, verband dabei die Konturen miteinander, die beim an-
schließendem Vulkanisieren verklebten. Vor dem Aufblasen bedruckte man sie noch mit Augen, Ohren etc.

Hersteller:

Gebrüder Feisenberger, Frankfurt. 1927, 1929: Dorco-Aufblastiere, Schwimmgür-
   telfiguren.
G.Hering, Berlin, (seit 1894). 1925: aufblasbare Gummitiere als Schwimmhilfe.
Paragummiverkaufs m.b.H. Köln-Deutz. 1914: Schrei-Blasen, *sterbende Tiere*.
Gebrüder Weil, Frankfurt. 1911: Aufblasfiguren, Frösche, Hähne, Schweine.
Ende der 40er Jahre waren die aufblasbaren Tiere erneut große Mode und wurden von
fast allen einschlägigen Firmen produziert.

mit Aufblastier im Ammersee, 1931
Amateurfoto

177

Guttapercha

(= tropisches Baumharz). Ab 1842 wurde es wegen seiner guten Eigenschaften in großen Mengen nach Europa importiert. Für Spielzeugfiguren hat man es in der Art von Papiermaché in Modeln ausgeformt. Wie Kautschuk kann man Guttapercha vulkanisieren.

Holz

Für die Entwicklung der verschiedenen Schnitzerzentren in Berchtesgaden, Oberammergau, im Thüringischen, im Erzgebirge und im Grödener Tal spielte der Waldreichtum und das damit reichlich gegebene Arbeitsmaterial eine wichtige Rolle, dazu eine sich aus Armut und langen Wintermonaten ergebende Nebenerwerbstätigkeit. Überall wurden zunächst nebenher kleine Küchengeräte und Spielsachen für den eigenen Bedarf geschnitzt. (Das trifft auch für die unbedeutenderen Schnitzerregionen zu, die im folgenden nicht gesondert aufgeführt werden, beispielsweise für die Röhn, Katharinenberg im Sudetenland/Böhmen usw.). Je mehr die Spielzeugmacherei aus dem Nebenerwerb in einen Hauptberuf überging, umsomehr wurde das rationellere Drechseln zusätzlich angewandt.
Die Ware wurde ursprünglich über den Hausierhandel verkauft. Schließlich entwickelte sich im 18. Jahrhundert eine blühende Hausindustrie; deren Produkte von Nürnberger Kaufleuten vertrieben wurden. Diese Händler brachten von einer zur anderen Gegend Muster als Anregung mit, so vermischten und verwischten sich die Eigenheiten der einzelnen Zentren allmählich. Aber manches Charakteristische blieb und manch neue Züge bildeten sich für die jeweiligen Landschaftsstriche als typisch heraus.

Berchtesgadner Pfeifenreiter
E.Ille 1858 (Münchner Bilderbogen Nr. 226)

Zwei Hühnerställchen, um 1960
Holz, bemalt; 5-5,3 cm hoch Berchtesgaden
(Besitz: Christine Vogel, München)

Berchtesgaden

Die Berchtesgadener Schnitzer verstanden sich zum einen Teil als Kunstschnitzer, die beispielsweise aus Bein so feine Szenerien schnitzten, daß Nußschalen dafür als Gehäuse dienen konnten. Zum anderen Teil, den *Ordinari Schnitzern* gehörten die Spielzeugmacher.

Als typische Berchtesgadener Spielzeugtiere gelten noch heute die wackelnden Hühnchen in den kleinen orange bemalten *Hühnersteigen* und das *Pfeifenrößl*. Im 18./19. Jahrhundert gab es wie in den anderen Holzsspielzeugzentren *Pferdl, Thierl, Esel, Hirschl mit Räder und Pfeifel. Pferdl mit Reiter und Füllen. Feine Pferd mit Reiter und Sattel. Vögel auf Blasbalgl. Guckuck ... Pickende Hahnen ... Ochsenschläger und stossende Böcke. Voglhäusl auf Blasbalgl ... Schachtl mit ... Reiterl, Hendl, Jagden, peckenden Vögeln, ... Schildkröten, Täuberl ... Grillenhäusl ....* So viele Typen von Spielzeugtieren befanden sich 1791 im Warenlager eines Berchtesgadener Verlegers unter den vielen hier nicht aufgezählten anderen Dingen.[93]

Literatur: Bachmann/Langner; Schwarz

Erzgebirge

Bei fast allen Holzspielzeugmachern wurde wie gesagt auch gedrechselt, bei den einen mehr, bei den anderen weniger. Eine ausgeprägte Spielzeugdrechsler-Kultur bildete sich nur im Erzgebirge, in Seiffen, heraus. Gedrechselte Figürchen sind für diese Gegend typisch. Die eigentliche Besonderheit sind aber ihre Reifentiere. Im frühen 19. Jahrhundert (belegt für 1837) entwickelte sich hier eine einmalige, ökonomische Technik der Tierherstellung. Der Dreher arbeitete an der Drehbank Holzreifen aus Rundholz quer zum Stamm, die in ihrem Profil der Gestalt des gewünschten Tieres entsprachen. Dabei lag der schmalere Kopf nach innen hin, das breitere Hinterteil am Außenrand; der Löwe mit seinem dicken Kopf und dem schmalen Hinterteil dagegen wurde dementsprechend umgekehrt gearbeitet. Der Dreher bzw. ein Tierschnitzer spaltete dann das jeweilige Tier in seiner Grundform Stück um Stück ab, beschnitzte es und fügte die ebenfalls als Profilreifen gedrehten und davon abgespalteten Hörner und Schwänze an.

Reifentiere gab es in unterschiedlichen Qualitäten: die billigsten waren klein, besonders flach, undifferenziert und wenig bearbeitet; sie wurden nur in Farbe getaucht und zum »Schecken« bespritzt. Man bezeichnete sie entsprechend abfällig als *Schock-, Pfennigvieh, ordinäres Vieh.*

Die bessere, aber doch einfache Qualität gab es in drei Größen, sie hatte teilweise an- oder eingeleimte Einzelteile, war besser bemalt. Mit einer mittleren Qualität (in allen Größen) hat man es zu tun, wenn die Hufe angedreht und die Tiere sorgfältiger beschnitzt sind. Auch die Ausstattung mit Einzelteilen und die Sorgfalt der Bemalung sind hier noch etwas besser.

Die gute Qualität wurde noch ausführlicher nachgeschnitten und gerundet und noch differenzierter bemalt, vereinzelt waren *fressende Tiere* im Sortiment. Für das Reifentier ist an sich die stehende Stellung typisch. Dargestellte Bewegungen machen den wesentlichen Qualitätsunterschied vom *guten* zum *besseren Vieh* aus. In diese Kategorie gehören die fressenden, liegenden, schreitenden, springen-

Gänselieseln mit Gänsen, 1945/46
Holz, gedrechselt, beschnitzt, bemalt; Liesel 13 cm.
Deutsch-Neudorf, Erzgebirge
(Besitz: Museum für Deutsche Volkskunde, Berlin, MDV 35 J 1)

180

den, fliegenden Tiere und solche, die den Kopf zur Seite drehen. Als bester Reifentier-Schnitzer gilt Paul Ulbricht (1873–1925).

Das geschnitzte Tier konnte auf unterschiedliche Weise »fertiggemacht« werden. Die häufigste Art war die Bemalung und anschließende farblose Lasur. Blieb das Tier aber ohne Farbe, so wurde es nach dem Beschnitzen mit der Feile geglättet *(gefeiltes Vieh)*, mit Kreide bearbeitet *(weißes Vieh)*, oder man schnitzte zur Imitation von Fell mit einem schmalen Hohleisen Riefen ein *(Stechvieh)*; manche Tiere wurden beklebt mit Fell oder Stoff von wolliger Struktur *(Wolltiere)*. Auch mit Grieß oder Sägespänen ahmte man die Struktur des Felles nach und bemalte es anschließend.

Hersteller:
Im 19. Jahrhundert gab es im Erzgebirge eine überwiegend anonyme Hausindustrie. An einer Holzspielwaren-Ausstellung 1914 in Seiffen nahmen jedoch bereits 97 namentlich genannte Aussteller teil. Bei 14 Seiffener und ebensoviel Heidelberger Produzenten werden Tiere als typisches Firmenprodukt erwähnt.[94] Es entwickelten sich allmählich »unzählige« große und kleine Produzenten.

Literatur: Bachmann; Bilz 3, 4; Fritzsch: Zur Geschichte …

Schaf, Ende 19. Jh.
Holz, natur, geschnitzt und *gestochen*, Ohren und Schwanz eingesetzt; 8 cm hoch
Erzgebirge

Reifendreher bei der Arbeit
Postkarte, um 1910

Gedrechselte Reifen mit abgespalteten Pferden
Seiffen, Erzgebirge

»Weiße« Hunde und Katze, um 1900
Holz, geschnitzt
Gröden/Südtirol
(Besitz: Ursula Werner, Frankfurt/M.)

Grödner Tal / Südtirol:

Das Schnitzmaterial war dort fast ausschließlich das Holz der einheimischen Zirbelkiefer. Der meistens deutlich zu erkennende Schnitt des Messers ist vor allem bei der »ordinären Ware« etwas grob, oder besser »deftig«.

Neben den Puppen waren Tiere, und hier wiederum die Pferde, die wesentlichsten Produkte. Die Grödner Schnitzer verkauften die meisten Tiere als »weiße«, unbemalte Ware; Pferde und Reiter, die in unglaublichen Mengen produziert wurden, hatten sie allerdings wegen der großen Nachfrage auch als »bunte Ware« auf Lager. Vögel, Hunde (besonders Pudel) und Haustiere aller Art gab es vorwiegend als Aufstell-Spielsachen. Als Pendel-, Balance-, Schaukelfiguren und Steckenreiter (oft Affen) wurden sie nur als eine Art Nebenprodukt hergestellt.

Die Hausindustriellen des Fassatals (sie bilden eine Einheit mit den Schnitzern des Grödner Tals) schnitzten fast nur Tiere (Pferde und Hähne) in der einfachsten Ausführung aus Tannen- und Fichtenholz.

Literatur: Stäblein

Hirte mit Schafen, um 1860
auf dünnen grün bemalten Brettchen stehend, Holz, geschnitzt und bemalt; Baum 13,8 cm.
Grulich/Mähren (Tschechoslowakei)

Grulich (Böhmen/Mähren)

In Grulich im Adlergebirge hatte sich eine Devotionalien-Schnitzerei im Zusammenhang mit einer um 1700 entstandenen Wallfahrt entwickelt. 1780 führte der österreichische Kaiser Joseph II. Reformen durch. Die Wallfahrt und damit der Devotionalienhandel blieben dabei auf der Strecke. Die Schnitzer wandten sich der Herstellung von Krippenfiguren zu, die schließlich in aller Herren Länder exportiert wurden. Ihr Stil ist charakteristisch, alle Figuren und Tiere sind relativ klein, sind kräftig, plakativ bemalt und stehen auf dünnen grünen Brettchen. Sie sind naiv, fast etwas unbeholfen, verglichen mit den Oberammergauer Figuren. Von den Grulicher Schnitzern kommen die Tiere mit dem pfiffigsten Gesichtsausruck.

Literatur: Gockerell/Volk

Odenwald

Wohl erst seit Mitte 19. Jahrhunderts wurden in Niedernhausen, später auch im Gersprenztal und in den Dörfern um Schloß Lichtenberg sogenannte *Odenwälder Gailchen* (= Gäulchen) hergestellt. Typisch sind ihr walzenförmiger gedrechselter Körper, die steifen Beine (die interessanterweise von einem gedrehten Rundholz abgespalten und im Gegensatz zu den Pferden Thüringens nicht mit Masse modelliert werden) und vor allem die Bemalung. In jüngerer Zeit wird die Musterung des »Apfelschimmels« frei und sein Zaumzeug mit Schablonen gespritzt; der Schweif ist aus Hanf. Der letzte Gailchesmacher, Adam Krämer in Beerfurth, stellt noch immer große und kleine Nachziehpferde und Schaukelpferde her, das Hauptgeschäft bilden heute Schaukelsitzchen mit Pferdekopf für Kleinkinder.

Literatur: Spielzeug des 19. u. 20. Jahrhunderts. Katalog zur Ausstellung in Otzberg-Lengfeld 1974

Bub mit Odenwälder Gäulchen, um 1940
Amateurfoto

»Gäulchesmacher« Adam Krämer, 1926
Beerfurth im Odenwald;
(dort arbeitet heute noch sein Enkel gleichen Namens als letzter Gäulchesmacher)

184

Pudel, 1. Hälfte 19. Jh.
Holz, geschnitzt. Oberammergau
(Besitz: Historisches Museum Ffm., X 14 603)

Oberammergau

Es ist ein altes »Hauskunst-Zentrum«, das sich der religiösen Volkskunst verschrieben, aber vor allem in der ersten Hälfte des 19. Jahrhunderts auch profane Figuren und besonders einfaches Kinderspielzeug hergestellt hat. Die Tiere spielten in dieser Produktion eine große Rolle; es gab Archen, Menagerien und vor allem Pferde, Pferdeställe und Wagen mit Pferde- und Ochsengespannen, Reiter auf Pferden, Ziegen und Eseln, Hunde aller Art, Steckenpferde und Steckengaukler, wie in den anderen Spielzeugzentren auch. Interessant sind kleine, ungefähr 6 cm hohe, sorgfältig geschnitzte Tiere eines »Tieralphabets«, die alle auf Sockelchen stehen, auf denen ihr Name vermerkt ist (abgebildet bei Gröber, Hauskunst, S. 56). Das Auffallendste an der Oberammergauer Ware ist ihre schöne Fassung, welche sie vor den Arbeiten anderer Holzschnitzerzentren auszeichnet.

Literatur: Gröber, Hauskunst

Schweiz (Berner Oberland, Graubünden, Appenzell, Brienz)

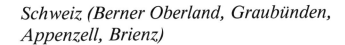

Wie in allen waldreichen Gegenden wurde auch in der Schweiz zunächst nur für den eigenen Bedarf geschnitzt. Hier entwickelte sich jedoch anfangs keine exportierende Spielzeugindustrie, sondern es entstanden überwiegend Schnitzerwerkstätten, die für den Souvenirbedarf des Schweizer Fremdenverkehrs produzierten. Hauptprodukt des Berner Oberlandes, Graubündens und Appenzells sind wunderschöne gefleckte Kühe und Almen, während für Brienz (früher meistens dunkelbraune, oft mit Glasaugen versehene) Holzbären typisch sind. Im 1. Weltkrieg wurde vom Schweizerischen Werkbund eine formbewußte Spielzeugproduktion angeregt.

Kuh aus dem Berner Oberland, um 1920

Sonneberg / Thüringen

Die Holzprodukte des Sonneberger Raums glichen denen der anderen Holzspielzeug produzierenden Regionen, aber es bildete sich zusätzlich zur Schnitzerei und Drechslerei um die Mitte des 18. Jahrhunderts die »Bossiererei« heraus, das heißt, es wurde zusätzlich mit »Masse« modelliert (siehe da) und zu Beginn des 19. Jahrhundert auch mit Papiermaché gearbeitet (siehe da).

Hersteller (die überwiegend Holztiere, vor allem Holzpferde hergestellt haben):
Arno Andrä, Schleiz; Carl Beck & Alfred Schulze, Ohrdruf; Johannes Florschütz, Eisfeld; Felix Gräffer, Schleiz; C.E. Meinung, Ohrdruf; Hugo Rissland & Söhne, Gillersdorf; Thüringer Spielwarenfabrik, vorm. F.W. Freitag & Co. (seit 1878), Ohrdruf.

Literatur: Das Sonneberger Spielzeugmusterbuch (Kommentar)

Inserat in der DSZ 1921

Fahrtiere, um 1890
Edmund Knauth, Spielwaren-Fabrik Orla-
münde, Thüringen

Viechtau (Oberösterreich)

Holzpferdchen und andere -tiere wurden hier seit Maria Theresias
Zeiten bis in die ersten Jahrzehnte unseres Jahrhunderts in unverän-
derter, einfacher Form produziert. Innerhalb Österreichs wurde das
Spielzeug von Hausierern vertrieben, und in die Balkanstaaten ge-
langte es auf dem Wasserweg mit sogenannten *Traunschiffen*.

Holz gepreßt

»Unzerbrechliche Holztiere«, 1913
Inserat in der DSZ (Georg Zöllner, Roßwein
i. Sa.)

Den flachen gesägten Tieren in den ersten Jahren unseres Jahrhunderts folgten bald die *unzerbrechlichen gepreßten Holztiere.* Dem wenige Millimeter starken Holz ist ein schwaches Relief eingepreßt, Vorder- und Rückseite unterscheiden sich. Die älteren Figuren sind bemalt, die jüngeren schablonengespritzt, alle haben grüne Standbrettchen. Produkte: Aufstellspielsachen wie Bauernhof, Zoo, Jagd und Nachziehtiere; die wesentliche Produktionszeit lag zwischen 1910 und den Jahren nach dem 2. Weltkrieg.

Hersteller:

Geffers & Schramm, Fabrik gepreßter Holzspielwaren, Hamburg.
Georg Zöllner, Spielwarenfabrik, Roßwein i.S.
Zittauer Spielwarenfabrik, Robert Geißler (Clauss-Figuren), Zittau i.S.

»unzerbrechliche Holztiere«, 1920
Inserat in der DSZ (Zittauer Spielwarenfabrik
Robert Geissler, Zittau)

Dorf mit Tieren, um 1930
Flachholz gepreßt, mehrfarbig bemalt,
z.T. Schablonen gespritzt; Standbrettchen;
Hirte 7,5,cm.
Erzgebirge

Masse, Papiermaché und plastische Hartmasse

Unter dem Begriff *Masse* liefen verschiedene Produkte. Zunächst war die *Masse,* die für die Herstellung von Tieren vor allem in Thüringen verwendet wurde, ein mit Leimwasser angerührter Schwarzmehlteig, der von den Bossierern auch als Ergänzungsmaterial auf Holz verwendet und frei modelliert wurde. Solche »Brotteigfiguren« waren empfindlich gegen Nässe und anfällig für Ungeziefer; die Einführung des unempfindlicheren Papiermachés Ende des 18. Jahrhunderts wurde deshalb, aber auch wegen anderer guter Eigenschaften, in der Spielzeugherstellung sehr begrüßt.
1789 gab Christ. Friedrich Fleischer aus Leipzig im Intelligenz-Blatt des Journals des Luxus und der Moden eine interessante *Waaren-Anzeige* auf: ... *Ein Assortiment von einer sehr schönen Art von Carton-Waaren. Die Masse ist Carton oder eine Art von Papierma-*

189

ché; sehr leicht, sehr dauerhaft, und ihr vorzüglichster Werth besteht in den schönen scharfen Formen, und wahren guten Kunstgeschmacke der in allen diesen verschiedenen Produkten herrscht. Man hat fast alles was sich formen läßt von dieser Masse. Ich will hier nur einige Artickel davon aufführen, die ich auf dem Lager habe. Neben verschiedenen dekorativen Gegenständen zählt er Spielzeugtiere auf: *Vieh, als Pferde, Ochsen Bullen, Büffel, Kühe, Hunde, Schaafe, Ziegen etc., auch ganz kleine Land-Stücken mit Rind- und Ziegenheerden und Hirten. Kenner bewundern an diesem Vieh sonderlich die schöne und richtige Zeichnung; das Colorit ist nach der Natur mit einer matten Firnißfarbe staffirt, so daß man diese Stücken mit einem feuchten Schwamme ohne Schaden reinigen kann.*[95]

Papiermaché wurde übrigens nicht nur aus eingeweichten Papierabfällen mit Leim, sondern mit verschiedenen anderen Zusätzen wie Gips, Holzschliff usw. hergestellt und oft auch als *Masse* bezeichnet. Typisch für Papiermaché und *Masse* war während des 19. Jahrhunderts ihre Herstellungsart: Das Material wurde mit Muskelkraft durchgeknetet und vom »Drücker« von Hand in eine Negativform gepreßt. Nach dem Trocknen erfolgte die Bemalung. Papiermachétiere wurden häufig »veloutiert« mit Tuch-Schur (= Wollstaub, der bei der Fertigung von Tuch anfällt), mit Filz, Fell oder Leder bezogen und oft mit Glasaugen versehen; die dünnen Beine der Huftiere wurden aus Holz geschnitzt.

1844 stellte die Firma Straßburger und Müller, Sonneberg, bei der Deutschen Gewerbe-Ausstellung in Berlin u.a. einen Elefanten aus Papiermaché aus, der Beachtung fand. 1914 annocierte Emil Pfeiffer, Wien, seine *Original-Machétiere »Tipple-Topple-Marke«* als *noch immer unerreicht in künstlerischer Ausführung, Naturtreue der Modelle, Schönheit der Bemalung, Dauerhaftigkeit.* Diese *Emil Pfeiffer's Original-Machétiere*, die Haus-, Menagerie-, Jagd- und Polartiere, waren noch besonders leicht, aber sie dürften schon den Übergang zu den Tieren aus *plastischer Hartmasse* bilden. Sie sollen nämlich gegen 1900 nach einem für dieses neue Material typischen Verfahren maschinell gepreßt worden sein.[96] Das gilt auch für die Miniaturtiere aus bemaltem Papiermaché, die *Rodacher Bronzen* (1927) der Firma Hermann Krauß in Rodach.

Schwein aus einem Kegelspiel, um 1900
Pappmaché, mehrfarbig bemalt
(Besitz: Gertrud Wienand, München)

Plastische Hartmasse

Jagd
»Patentmasse, fast unzerbrechlich«
aus: Katalog Borho, um 1913, S. 67

Die *plastischen Hartmassen*, die zu Beginn unseres Jahrhunderts nach und nach auf den Markt kamen, bestanden überwiegend aus Holzmehl und Leim mit unterschiedlichen Zusätzen, Caolin, Gips, Schiefermehl, zum Teil auch Harzen (ihre genauen Rezepturen wurden geheim gehalten). Charakteristischerweise ist ein Drahtskelett eingearbeitet, das die empfindlichen Körperteile wie Beine usw. stützt. Diese Tiere wurden anfangs von Hand und später partiell mit der Spritzpistole bemalt. Ihr wesentlicher Vorteil lag in der moderneren maschinellen Verarbeitung: Unter Hitzeeinwirkung wurden diese *plastischen Hartmassen* mit maschinellem Druck in die Formen gepreßt. Da hierbei bereits ein großer Teil der Flüssigkeit entwich, wurde der Trocknungsprozeß beschleunigt und starke Schrumpfung vermieden.

Inserat in der DSZ 1913

Hersteller:

In den ersten 15 Jahren unseres Jahrhunderts brachten mehrere Firmen derartige Figuren heraus: Die Firma Oskar Wiederholz in Brandenburg (ab 1923 Lineol AG; plastische Hartmasse bis in die 50er Jahre), die Spielwarenfabrik Müller & Freyer in Ludwigsburg (ab 1912 O & M Hausser, Elastolin; plastische Hartmasse bis in die 50er Jahre). 1910: Soldaten, 1913: Haustiere als Neuheit[97] und die Rother Spielwarenfabrik Strobel & Lades gmbH, Roth bei Nürnberg (1911 als *Strola*-Figuren bezeichnet). Die Konkurrenz ruhte nicht. Es folgten die Firmen

Kracklauer & Danler, Nürnberg. 1916/17: neben vielerlei Militärischem auch eine Jagdgruppe);

Paul Leonhardt, Eppendorf mit ihrer Festolin Hartmasse. 1920: Bauernfiguren, Haustiere, Hühnerhof, wilde Tiere;

Jacob Hasselbacher & Co, Nürnberg. 1920: Haustiere und Menagerien;

J. Haffner's Nachfolger, Nürnberg. 1922: Tiere aus fast unzerbrechlicher Masse;

Karl Müller & Co. in Effelder/ Th.. 1922: Gespanne, Tiere und Geflügel *aus plastischer Masse, solid und dauerhaft*;

Karl Walter in Wien. 1925: Geflügel, Schäfereien, Haus- und Menagerietiere;

Fritz Wagner (Inh. M.Wechselberger), Rödental, stellt seit 1956 aus einer Hartgußmasse Tierminiaturen her, die anschließend mit Textilstaub beflockt werden, wie früher die Papiermachétiere mit Tuch-Schur.

Litertur: Leinweber

Schutzmarke der Fa. Oskar Wiederholz, Brandenburg a. H.

192

Würfel eines Kubusspieles, um 1900
chromolithographisch bedrucktes Papier über
Holz; 7 cm hoch

Papier

Es soll hier nicht von einfachen Bilder- und Ausschneidebogen (Lit.: Metken) die Rede sein, sondern von chromolithographisch bedrucktem Papier, das z.T. auf Pappe kaschiert und oft zusätzlich im Relief geprägt und gestanzt wurde. Im letzten Drittel des 19. und im ersten Drittel des 20. Jahrhunderts wurden diese Spielsachen besonders geschätzt.

Hersteller:

Emil Burkhardt, Nachf. Leipzig. 1919: Panoramaspiele zum Aufstellen, z.B. Geflügelhof.

Junghans Söhne, Rittersgrün. 1922: *Pendelnde Tiere, Papptiere zum Aufstellen* u.a.

J.A. Kithil, Nürnberg. 1909: *Cubusspiele.*

Fritz Ernst Neumann, Berlin-Zehlendorf. 1947: Bewegliche *FEN*-Papp-Tiere.

Sala Spiele, Berlin (seit 1845). Spiele aller Art.

Georg Schätzler, Nürnberg. 1910: Cubusspiele.

Raphael Tuck & Sons Ltd., Berlin u.London, (seit ca. 1866) *Bewegliche Tiere* 1910: *Laufende Tiere,* 1913: *Wackeltiere.*

Gebrüder Westphal, Leipzig. 1947: Bewegliche Papp-Spielzeugtiere mit Stimme.

Literatur: Pieske, ABC des Luxuspapiers.

Aufstellfiguren als Werbegabe, um 1920
Pappe mit Chromolithographien kaschiert;
Gänseliesel 9,5 cm hoch
Oberländer & Krämer, Annaberg i.S.

Eine eigene Gruppe bilden bunte Aufstellfiguren aus dickerer Pappe gearbeitet und auf grünen Holzleistchen stehend. Sie wurden von ihren Herstellern als *doppelseitig geprägt, unzerbrechlich, bedeutend billiger, stabiler und schöner als die bekannten Holztiere* angepriesen. Vielfach fanden sie Verwendung als Reklamebeigaben.

Hersteller:

Friedrich Herold, Buchholz i.S. 1916, 1918 und 1919: *Herolin-Aufstell-Figuren*, u.a. Bauernhöfe und Menagerien, die auf Papierwarenmessen gezeigt wurden.

Oberländer & Krämer, Kunstprägeanstalt, Annaberg i.S. 1927, 1929: *Oka*-Aufstellfiguren.

Papiermaché: siehe Masse

Pappe

Mit der Verbreitung der Präge- und Stanzmaschinen Mitte des 19. Jahrhunderts wurden größere Tiere kaum noch aus Papiermaché, vielmehr aus maschinell vollplastisch geprägter starker Pappe hergestellt; wie den Papiermachétieren verlieh man auch ihnen gern durch einen Überzug aus Filz oder Plüsch oder mit Woll- und Seidenstaub ein fellartiges Aussehen.

Hersteller:

Heinrich Bauersachs, Mürschnitz i.Th. 1912: Geformte Papp-Spiel-Pferde mit Fellimiation.

Georg Philipp Kienel, Steinach S.M. 1919: Papp-Pferde.

Hermann Krauß, Rodach. 1927: Krauß-Tiere aus Pappe, (siehe auch Masse, Papiermaché).

Hunde, um 1935
Billigspielzeug; Holz/Pappe, mit Überzug von venezianischem Tau (winzige Glaskügelchen), bzw. mit schwarzem Plüsch; 7-9 cm hoch

Nachzieh-Huhn, um 1930
geprägte Pappe, mehrfarbig bemalt; 16 cm hoch
Thüringen

Bauerntiere im Originalkarton
Weichplastik, bemalt, »unzerbrechlich«,
Gans 6,4 cm hoch
»D«, Frankreich

Plastik

In den 50er Jahren machten Kindern und Erwachsenen groteske *Biegefiguren* viel Vergnügen, die zum Teil wie die Polystyrolfiguren Werbeträger waren (u.a. Salamander, Hoechster Farbwerke). Ein der Figur entsprechendes Drahtgestell wird mit Weichplastik beschichtet. Weichplastik ist auch das Material für bunte Miniaturtiere, die seit den 60er Jahren von Kindern gesammelt werden.

In der Produktion von Aufstell-Tieren hat zwischen 1950 und 1960 sogenanntes *Hartplastik* den Platz der früheren *plastischen Hartmasse* eingenommen. Alte und neugegründete Spielzeugfirmen setzten auf das moderne Material, auch die Firmen Hausser in Ludwigsburg (Elastolin) und die Lineol AG in Braunschweig.

Hersteller:

Schleich & Co, Schwäbisch Gmünd. Biegefiguren, Plastiktiere.

Firma Bully, Spraitbach. Plastiktiere, Miniaturtiere aus Weichplastik in verschiedenen kräftigen Farben.

Plastische Hartmasse: siehe Masse

Polystyrol

In der Zeit nach dem 2. Weltkrieg spielten für die Kinder, die ja kaum
»richtiges« Spielzeug hatten, kleine, meistens elfenbeinfarbene, unbemalte Kunststoff-Figuren eine große Rolle. Sie wurden manchen
Lebensmitteln, wie Haferflocken und vor allem Margarinepaketen
beigegeben. Man nannte sie allgemein »Margarinefiguren«. Im
Spritzgußverfahren wurden sie aus Polystyrol, einem Polymerisa-
tionsprodukt massenhaft produziert. Neben anderen Figuren gab es
Haustiere, Zoo, Tierschau, Zirkus, Saurier, den Wald und seine
Tiere.

Hersteller:
Firma Richard Sieper & Söhne (Siku), Lüdenscheid i.W. (seit 1921).

Literatur: Peter Konrad

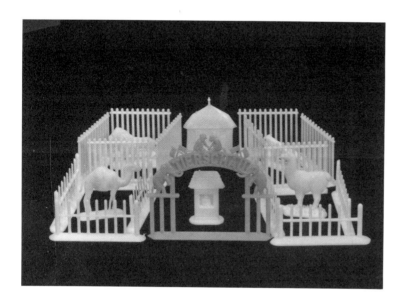

Tierschau, 1948
Polystyrol; Eingangsbogen 5,3 cm hoch;
Reklame-Beigaben verschiedener Firmen,
z.B. »fri-Homa Eigelb«, »Ei-fein«, »Schlü-
terHaferflocken«, »Clever Stolz-Margarine«,
»Rewe-Juwel«, »Effka«

Wachstuch

Wachstuchtiere, 1965
Werkstätten Brinckmeier, Leipzig

Abwaschbare Wachstuchtiere für Kleinkinder werden seit etwa 1930 vor allem von kunstgewerblichen Betrieben genäht und weich bis fest gestopft.

Hersteller:
Werkstätten Brinckmeier, Leipzig. 1950/1970: sorgfältig umstochene Tiere, Giraffen, Zebras, Schlangen, Eulen und ein ganzer Miniaturzoo.
Horn Werkstätten, Dießen am Ammersee. 1948: genähte Leder- und Wachstuchtiere.
Paul Köchling, Dortmund (Pekado). 1944: hygienische Spieltiere.
M. Krause-Junak, Werkstatt für angewandte Kunst, Breslau. 1939, 1940: weiße abwaschbare Wachstuchtiere mit roten Tupfen.

Zinn

Gänseherde mit Liesel, um 1925
Zinn, bemalt; Liesel 3 cm hoch

Zinnfiguren kommen als Serienspielzeug im 18. Jahrhundert auf. Die Gießformen wurden vor dem Gravieren oder Ziselieren luftdicht zusammengeschliffen und mit den nötigen Haftkernen für die Paßgenauigkeit versehen. Für flache Figuren wurde Schiefer verwendet. Auf diese Formsteine übetrug man die Zeichnung und arbeitete dann mit dem Stahlstichel eine Negativform heraus; zuletzt wurde vom Formrand zur Figur eine Gußrinne eingraviert. Für plastische Figuren verwendete man Formen aus Messing oder Rotguß, für deren Herstellung zunächst ein Modell gearbeitet wurde, von welchem auf Umwegen ein Negativ in groben Umrissen entstand. Die Feinheiten hat man nun wie bei der Schieferform eingraviert. Die gegossenen Figuren wurden vom Eingußstutzen befreit und entgratet und dann bemalt.

Hersteller:
Siehe ausführliches Verzeichnis bei Ulf Leinweber

Anmerkungen

1 Katalog Wahnschaffe, S. 98, Katalog Borho, S.109. – In Schul-Lesebüchern haben allerdings die Kinder noch in unserem Jahrhundert vielfach längst überholte naturwissenschaftliche Vorstellungen vermittelt bekommen.

2 Bilderbuch und Bilderbogen sind nicht voneinander zu trennen; Bildinhalte wurden wechselweise übernommen und *überhaupt ist das frühe Kinderbilderbuch öfters durch zusammengeheftete Bilderbogenserien entstanden, so bei Scholz in Mainz, Renner in Nürnberg, Trentsensky in Wien, Rohbran in Magdeburg...*, siehe Brückner, S. 160

3 J.W. Goethe, S. 16

4 Marianne Grundler: Alte Vogelkäfige. In: Volkskunst 1 (1985) S. 18 ff

5 Z.B. »Caritas« 1684 von Marcantonio Franceschini (geb. 1648) sowie Goyas (geb. 1746) bekanntes *Bildnis eines Knaben mit Elster.*

6 beispielsweise *Kinderspiele*, kol. Kupferstich, Albrecht Schmidt Erben, Augsburg, um 1760, desgl. Te Breda, by W. van Bergen en W.G. van de Sande. Bearb. Thomas Roth für die Ausstellung *Kind und Spiel*, Nürnberg 1962

7 Röhrich, S. 435

8 Bestelmeier Nr. 715

9 Abbildung im Rieter-Buch, vor 1600; Hinweis Dr. Lydia Bayer, Nürnberg

10 Dt. Spielwaren Ztg. 18 (1913) S. 13; Sonneberger Spielzeugmusterbuch von 1831, No. 255.

11 *Kinderspiele*, Kupferstich, No. 112 Albrecht Schmidt Erben, Augsburg, um 1730. Bearb. Thomas Roth für die Ausst. *Kind und Spiel*, Nürnberg 1962

12 Gorki, S. 66 f.

13 Damaschke, S. 19

14 Hoff (geb. 1896) S. 35

15 Keller, S. 100

16 Sophie, Eckardt-Jassoy (geb. 1869), S. 16. Siehe zu Tierquäler auch: Zillig, S. 77 ff. und S. 148 ff.

17 Bräker, S. 18 ff.

18 Rosegger, S.302 ff. In Untersuchungen von 1952 wird allerdings herausgefunden, daß Bauernkinder im Durchschnitt von sich aus weniger eigenschöpferische Tätigkeiten entwickeln als Stadtkinder, anscheinend bedingt durch frühzeitige Beteiligung an den täglichen Arbeiten und geringere Zuwendung der Eltern. Siehe Hetzer u. Morgenstern, S.41 ff.

19 Felder, S. 21 f. Dieses Schlachten-Spielen war etwas durchaus Natürliches verglichen mit Spielsachen, die 1988 in Amerika und Italien kurz auf dem Markt waren: *Außerirdischer zum Sezieren* mit Skalpell und grünem Blut oder ein Plastikskelett zum Zusammensetzen mit einer Dose *Monsterfleisch* zum Modellieren eines Körpers, der anschließend im beigegebenen Vernichtungsbad in Fetzen wieder vom Skelett fällt.

20 Wilmsen, S.77 ff.

21 Junker/Stille, S.85 ff.

22 D.S.Z., 16/17 (1916) S.17

23 D.S.Z. 6 (1940) S. 188 und 4 (1943) S. 63 ff.

24 Hamann, S. 32 ff.

25 Zillig, S. 86

26 Boesch, S. 65

27 Die D.S.Z. bringt zwischen 1909 und 1925 sehr viele Beispiele, besonders in Inseraten.

28 Lichnowsky, S. 48 f.

29 1844 zeigten bei der Dt. Gewerbe-Ausstellung in Berlin die Firmen Friedrich Wiehr aus Berlin Kinderpeitschen, die Gebr. Amos aus Bayreuth eine *Musterkarte Kinderpeitschen* und Thomas Fick aus Fürth Kindersporen.

30 Boesch, S. 66

31 Schanz, S. 82

32 Katalog Borho S. 67

33 Buchner, S. 13

34 Katalog Klodt 1892, S. 39 f.

35 Katalog Gamage's 1906, S. 142

36 D.S.Z. (1910) S. 287, S. 353

37 Katalog Kurtz, S. 61

38 Hinweis Dr. Lydia Bayer, Spielzeugmuseum Nürnberg

39 Katalog Wahnschaffe, S. 108

40 Röhrich, S. 433 ff.

41 Fraser, S. 90

42 Claudius, S. 4 ff.

43 Fritzsch, Die Arche, S. 251

44 Hildebrandt S. 313

45 Für diesen Hinweis danke ich Herrn Werkner, Erzgebirge Museum, Kittersberg bei Kehl.

46 Fritzsch, Die Arche. S. 251

47 Eva Schmidt, S. 27 f. Fraglich ist jedoch, ob es sich überhaupt um Kinderspielzeug in unserem Sinn handelte!

48 Cieslik, Puppen S. 76

49 D.S.Z. 18 (1910) S. 1

50 C.M. Plümicke, *Briefe aus einer Reise durch Deutschland im Jahre 1791.* Zit. nach Bachmann/Langner, S. 21

51 Lewald, 76 f.

52 Bachmann / Langner, S. 20

53 Bestelmeier 1803, No. 223, No. 577)

54 D.S.Z. 18 (1913), S. 13

55 Sie wurde 1972 bei Grabungsarbeiten in Althamburg gefunden. Zit. nach Nixdorf S. 11

56 Es befindet sich im Landesgewerbemuseum Stuttgart. Zit. nach Nixdorf, S. 12

57 Gerd Bayer, S. 57 ff.

58 Gutzkow, S. 76

59 D.S.Z. 16 (1913) S. 19

60 Dt. Gewerbe-Ausstellung zu Berlin 1844, II. C. S. 384

61 Dt. Gewerbe-Ausstellung zu Berlin 1844, II Teil, 2. Abt., S. 119

62 Ina Seidel, S. 107 f.

63 Mann, S. 67 f.

64 Stille, Christbaumschmuck, S. 152 ff.

65 Pfistermeister: Wachs 1, S. 198

66 Kind und Kunst, Bd. I, 1 (1904/05) S. II

67 Tadd, S. VI

68 Kind und Kunst, Bd. I, 1 (1904/05) S. 31

69 vergl. Hansen S. 24 ff.

70 In: Das Spielzeug. Ausstellung, Nürnberg 1926, S. 24

71 Hildebrandt. S. XIII

72 Hansen S. 14 f.

73 Der talentierte Chemiker hat später auch in seinem eigenen Fach bei den IG-Farben in Frankfurt bedeutende Patente angemeldet. – Ich danke Frau Claudia Högler, Bregenz, für ihre Informationen.

74 Deutsche Kunst und Dekoration, Darmstadt 1914. In diesem Jahr wurde Sutters Spielzeugfabrik in die *Hessische Spielwaren-Manufaktur G.m.b.H. in Pfungstadt* umgewandelt.

75 Elfriede Schäfer: Spielzeug. In: Die Lesestunde, 5. Dezember 1929 S. 424

76 desgl.

77 König, S. 62 ff.

78 Fachklassen und Werkstätten für Textilkunst der Kgl. Kunst- und Kunstgewerbeschule in Breslau.

79 Sie arbeitete in Striegau Schlesien und stellte in Breslau 1926 aus. Neben ihren *Käte Boja-Puppen* machte sie vor allem vermenschlichte Tiere. Siehe auch Joachim Reichelt: Käte Boja-Puppen. In Puppen & Spielzeug. Heft 4 (1978) S. 39 ff.

80 Siehe auch feinen Puppenwagen in ärmlichem Zimmer von Heimarbeitern (Hausindustriellen), aufgenommen 1930 von A. Stenbock-Fermor: Deutschland von unten. Luzern, Frankfurt 1980, Abb. 51, S. 146

81 1943 erließ die Reichsstelle für Glas-, Keramik- und Holzverarbeitung nach und nach für fast alle Spielsachen ein Herstellungsverbot. »das Spielzeug« Juni/Juli 2 (1943) S. 4

82 Gerd Bayer, S. 57 ff.

83 Hunnius, S. 26 f.

84 Die Firma Leichsenring in Seiffen soll schon um 1860 Fellhasen hergestellt haben. Ich danke Herrn Eberhard Werkner, Erzgebirge Museum, Kittersberg/Kehl für diesen Hinweis.

85 Die Nachfrage nach Bären mit Brummstimme soll 1910 in England und in Australien erneut so groß gewesen sein, daß man mit der Ausführung der Aufträge kaum nachkam. Siehe D.S.Z. (1910) S. 57

86 D.S.Z. 5 (1914) S. 19

87 D.S.Z. 8 (1912) S. 15. Um diese Zeit wurden übrigens auch Puppen mit Schielaugen produziert.

88 D.S.Z. 5/6 (1915) S. 13

89 Es gab Ausnahmen, denn noch Mitte der 20er Jahre brachten die Gebr. Süssenguth, Neustadt bei Coburg, einen Bären namens Peter auf den Markt mit rollenden Augen, einem aufgerissenen Maul mit sichtbaren Zähnen und wackelnder Zunge.

90 D.S.Z. 12 (1914) S. 11, Beitrag von Theodor Ling, Ghum.

91 Diehl Film, 1937; Copyright an »Hör zu« 1951

92 Baumann, S. 73 f.

93 Bachmann/Langner, S. 21

94 Holzspielwaren- und Holzwaren Ausstellung Seiffen. 9. Juli – 3. August 1914

95 Intelligenz-Blatt des Journals des Luxus und der Moden. Nr. 10 October 1789, S. CXLVII

96 Ernst Schnug: Kleine Geschichte der Masse-Figur. In: Ulf Leinweber, S. 169 ff.

97 Hausser inserierte 1917: *Sie finden neben unseren bekannten Haustieren alle wilden Tiere von Löwen, Elefanten, Nilpferden bis zu der kleinsten Hyäne, Wolf, Fuchs sowie auch alle Vögel von Taube bis Adler mit den dazu gehörigen Gehegen und Tiergelassen.* D.S.Z. 3/4 (1917) S. 15

Quellen – Literatur

Anthes, Helmut: Beim Odenwälder »Gailchesmacher«. In: Puppen & Spielzeug, Heft 4, 1982, S. 8 f.

Arnott, Kathleen: Animal Folk Tales Around the World. London and Glasgow 1970

Bachmann, Manfred: Holzspielzeug aus dem Erzgebirge. Dresden 1984

Bachmann, Manfred und Reinhold Langner: Berchtesgadener Volkskunst. Leipzig 1957

Baumann, Paul: Collecting Antique Marbles. Lombard 1984

Bayer, Gerd: Pfeifenbäckereien im Westerwald (20. Jhdt.). In: Tönernes, Hrsg. Klaus Freckmann, Köln 1987

Bayer, Lydia: Das Spielzeugmuseum der Stadt Nürnberg. Nürnberg 1978

Bertuch, Friedrich Justin: Bilderbuch für Kinder... 12 Bde. Weimar 1790-1832

Bestelmeier, Georg Hieronimus: Magazin von verschiedenen Kunst- und anderen nützlichen Sachen. Nürnberg 1803

Bibliographie der Nürnberger Kinder- und Jugendbücher 1522-1914. Hrsg. Stadtbibliothek Nürnberg, Bamberg 1961

Bilderbogen. Hrsg. Badisches Landesmuseum Karlsruhe. Ausstellungskatalog, Karlsruhe 1973

Bilz, Helmut: Museumsführer Erzgebirgisches Spielzeugmuseum. Schriftenreihe des Erzgebirgischen Spielzeugmuseums Kurort Seiffen, Heft 1. Seiffen 1985

Bilz, Helmut: Das Reifendreher Handwerk im Spielwarengebiet Seiffen. Schriftenreihe des Erzgebirgischen Spielzeugmuseums Kurort Seiffen, Heft 3. Seiffen 1976

Bilz, Helmut: Seiffener Reifentiere - Herstellung, Gestaltung und Bedeutung. Schriftenreihe des Erzgebirgischen Spielzeugmuseums Kurort Seiffen, Heft 4. Seiffen 1984

Bloch, Ida: Illustriertes Spielbuch für Kinder. Leipzig 1913

Boesch, Hans: Kinderleben in der deutschen Vergangenheit. Monographien zur deutschen Kulturgeschichte. v. Bd. Leipzig 1900

Bombu und Bimbo, selbstgefertigte Stofftiere. Das gelbe Bastelheft. Berlin O.J.

Brem-Gräser, Luitgard: Familie in Tieren. München/Basel 1970

Bräker, Ulrich, Lebensgeschichte und Abenteuer des armen Mannes im Tockenburg. Bad Langensalza 1970

Brückner, Wolfgang: Populäre Druckgrafik Europas. Deutschland. München 1969

Brunner, Ludwig: Naturspielzeug. Ravensburg o.J.

Brunner, Ludwig: Spielsachen aus wertlosem Material. Ravensburg [1938]

Buchner, Wilhelm: Ferdinand Freiligrath. Ein Dichterleben in Briefen. Lahr 1822

Cieslick, Jürgen und Marianne: Ein Jahrhundert Blechspielzeug. Ein Jahrhundert E.P. Lehmann, München 1981

Cieslik, Jürgen und Marianne: Puppen. Europäische Puppen 1800-1930. München 1979

Claudius, Martin: Richard's Noah-Kasten. Sieben Thiergeschichten für Kinder von sechs bis zwölf Jahren. Berlin [1860]

Comenius, Johann Amos: Orbis sensualium Pictus. Nürnberg 1658

Christiansen B.-H. und Ulf Leinweber: Verzeichnis der Hersteller technischer Spielwaren. In: Auto, Lok & Dampfmaschine. Ausstellungskatalog, Kassel 1985, S. 69 ff.

Dieffenbach, G.Ch.: Für unsere Kleinen. 3. Bd., Gotha 1887

Damaschke, Adolf: Aus meinem Leben. Leipzig und Zürich [1924]

Dekorative Kunst. Eine illustrierte Zeitschrift für angewandte Kunst. München, 1898-1933

Deutsche Gewerbe-Ausstellung zu Berlin 1844, Amtlicher Bericht über die allgemeine. Berlin 1846

Deutsche Kunst und Dekoration. Darmstadt 1897-1931

Deutsche Spielwaren Zeitung (D.S.Z.), Berlin, Nürnberg, Bamberg 1909 - März 1943

D.S.Z. = Deutsche Spielwaren Zeitung

Eckardt-Jassoy, Sophie: Unvergängliche Vergangenheit. Erinnerungen einer alten Frankfurterin. Heidelberg 1949

Erbach-Schönberg, Marie zu: Entscheidende Jahre. Darmstadt [1923]

Fawdry, Marguerite: English Rocking Horses, London 1986

Felder, Fr.M.: Aus meinem Leben. Wien 1904

Ferschl, Fritz u. P. Kapfhammer: Das Schuco-Buch, 1984

Fibel für das erste Schuljahr »Des Kindes Welt«. Dortmund 1922

Fließ, Ulrich: Bilderbogen-Kinderbogen. Ausstellungskatalog, Hannover 1980

Fraser, Antonia: Spielzeug. Die Geschichte des Spielzeugs in aller Welt. Oldenburg/ Hamburg 1966

Fritzsch, Karl Ewald: Zur Geschichte des erzgebirgischen Spielzeugs. Sonderdruck aus der Zeitschrift »Sächsische Heimatblätter«, Dresden 1967

Fritzsch, Karl Ewald: Die Arche. In: Sächsische Heimatblätter, Dresden, 6 (1976), S. 250 ff.

Funke, Carl, Philipp: Naturgeschichte für Kinder. Leipzig 1808

Geschichte und Gegenwart einer Marke. 1880–1980. Hrsg. Margarete Steiff GmbH, Giengen a.d. Brenz 1981

Gesner, Konrad: Curious Woodcuts of Fanciful and Real Beasts. A selection... New York 1971

Goethe, Johann Wolfgang von: Dichtung und Wahrheit. Goethes Werke 8. Bd., Hrsg. A. Stern, Leipzig 1903

Göttsch, Silke: Kinder als Arbeitskräfte in Landwirtschaft und Industrie. In: Kinderkultur. Bremen 1987, S. 77 ff.

Glasmuseum Wertheim, ein Führer. Hrsg. Förderkreis Wertheimer Glasmuseum e.V., Wertheim 1977

Gockerell, Nina und Peter Volk: Krippen. Bildführer des Bayerischen Nationalmuseums. Museum in der Kümperstallung Neumarkt, München 1986

Goltz, Bogumil: Buch der Kindheit. Berlin 1854

Gorki, Maxim: Meine Kindheit. Berlin 1917

Grissemann, Oskar: Das große Spielzeugbastelbuch. Stuttgart 1936

Gröber, Karl: Alte Oberammergauer Hauskunst, (Nachdruck). Rosenheim 1980

Gröber, Karl: Kinderspielzeug aus alter Zeit. Berlin 1928

Grundler, Marianne: Alte Vogelkäfige. In: Volkskunst, 1 (1985) S. 18 ff.

Güll, Friedrich: Systematische Bilderschule für das zarte Kindesalter, Neuester Anschauungsunterricht. Nürnberg, o.J., Erstausgabe 1817

Gutzkow, Karl: Aus der Knabenzeit. Frankfurt 1852

Hagelberg, W.: Zoologischer Hand-Atlas. Naturgetreue Darstellung des Thierreichs in seinen Hauptformen. Berlin 1878–81

Hamann, Brigitte: Elisabeth, Kaiserin wider Willen. Wien, München 1982

Hansen, Traude: Kinderspiel und Jugendstil in Wien um 1900. Wien 1987

Hennig, Claire: Albert Schoenhut, der Schöpfer des Humpty Dumpty Circus. In: Puppen & Spielzeug, Heft 3, 1988, S. 29 ff.

Hetzer, Hildegard und Georg Morgenstern: Kind und Jugendlicher auf dem Lande. Lindau 1952

Hildebrandt, Paul: Das Spielzeug im Leben des Kindes. Berlin 1904

Hey, W.: Fünfzig Fabeln für Kinder. In Bildern gezeichnet von Otto Speckter. Nebst einem ernsthaften Anhange. Gotha [1866]

Hey, W.: Noch Fünfzig Fabeln für Kinder. In Bildern gezeichnet von Otto Speckter. Nebst einem ernsthaften Anhange. Gotha [1866]

Hirzel, Stephan: Spielzeug und Spielware. Ravensburg 1956

Hoff, Ferdinand: Erlebnis und Besinnung. Erinnerung eines Arztes. Frankfurt 1971

Hoffmann, Heinrich: König Nußknacker und der arme Heinrich. (Frankfurt 1851), Nachdruck Frankfurt 1975

Hunnius, Monika: Baltische Häuser und Gestalten. Heilbronn 1926

Jaede, Franz: Häschen im Kraut. Glogau 1857

Junker, Almut, Eva Stille: Spielen und Lernen. Spielzeug und Kinderleben in Frankfurt, 1750–1930. Ausst.-Katalog, Frankfurt, 1984

Kaysel, Roger: Noah und seine Arche. In: Volkskunst, 1 (1985), S. 10 ff.

Key, Ellen: Das Jahrhundert des Kindes. Berlin 1902

Keller, Gottfried: Der grüne Heinrich. Berlin 1891

Kind und Kunst. Illustrierte Monatsschrift f.d. Pflege der Kunst im Leben des Kindes. Hrsg. Alexander Koch. 2 Bde. Darmstadt 1904/05–1905/06

Kinderspielzeug. Führer durch das Museum f. Völkerkunde und Schweizerische Museum f. Volkskunde, Basel. Sonderausstellung, Basel 1964

Kinderkultur. 25. Deutscher Volkskundekongreß in Bremen 1985. Bremen 1987

Klasing, Otto: Das Buch der Sammlungen. 3. Aufl. Bielefeld und Leipzig 1878

Klima, Anton: Tier und Pflanze in der Karikatur. Hannover 1930

König, Otto: Die pädagogische Bedeutung von Spielzeugtieren in der Gegenwartssituation. Österreichische Akademie der Wissenschaften, Institut für vergleichende Verhaltensforschung. Hrsg. Forschungsgemeinschaft Wilhelminenberg, Wien 1978

Kohlmann, Theodor: Neuruppiner Bilderbogen. Ausstellungskatalog. Berlin 1981

Konrad, Peter, Hrsg.: Margarine und andere Werbefigürchen aus den fünfziger Jahren. Haan, 1988

Kreschel Katharina u. K. Blankenburg. Albert Caasmann - der Modelleur des Lineol-Spielzeugs. In: Brandenburger Kulturspiegel, Dez. 1987, S. 6 ff.

Krüger, Anne Marie: Über das Verhältnis des Kindes zum Tiere. In: Zeitschrift für angewandte Psychologie. Leipzig Bd. 47, 1/2 (1934) S. 9 ff.

Die Kunst. Angewandte Kunst = Dekorative Kunst. München 1900–1943

Lange, Konrad: Die künstlerische Erziehung der Jugend. Darmstadt 1893

Langewiesche, Wilhelm: Jugend und Heimat. Ebenhausen bei München 1916

Leineweber, Ulf: Die kleine Figur. Ausstellungskatalog, Kassel 1985

Lesebuch für das erste Grundschuljahr: »Meine kleine bunte Welt«. Wiesbaden 1926

Lesebuch für die evangelischen Volksschulen Württembergs, 1. Teil. Für die Mittelstufe. 20. Aufl. Stuttgart 1884

Leske, Marie: Illustrirtes Spielbuch für Mädchen. 5. Aufl. Leipzig 1875

Lewald, Fanny: Meine Lebensgeschichte. 1. Teil: Im Vaterhause. Berlin 1861

Lichnowsky, Mechtilde: Kindheit. Frankfurt, 1951

Mann, Thomas: Autobiographisches. Hrsg. Erika Mann, Frankfurt 1968

Mathys, F.K.: Die Geschichte der Geschichten der Kinder- und Jugendbücher. In Wunderwelt alter Kinderbücher. Ausstellungskatalog, Riehen 1985

Metken, Sigrid: Geschnittenes Papier. München 1978

Möller, Anna Elisabeth: Das Kinderspiel in Hessen. Gießener Biträge zur deutschen Philologie, Gießen 1935

Nixdorf: Tönender Ton. Berlin 1974

Olshausen-Schönberger, Käthe: Im Spiegel der Tierwelt. München [1916]

Pfistermeister, Ursula: Wachs. Volkskunst und Brauch. Bd. 1, Nürnberg 1982

Pieske, Christa: Schönes Spielzeug aus alten Nürnberger Musterbüchern. München 1979

Pieske, Christa: Das ABC des Luxuspapiers. Berlin 1983

Plenk-Helferich, E: Stofftiere und Stoffpuppen. Ravensburg o.J.

Raff, Georg Christian: Naturgeschichte für Kinder. Götting 1778

Reichenau, Rudolf: Aus unseren vier Wänden. Leipzig 1865

Retter, Hein: Spielzeug. Handbuch zur Geschichte und Pädagogik der Spielmittel. Weinheim und Basel 1979

Reynst, Elisabeth: Friedrich Campe und sein Bilderbogen-Verlag zu Nürnberg. Nürnberg 1962

Röhrich, Lutz: Noah und die Arche in der Volkskunst. In: Volkskunde. Fakten und Analysen. Wien 1972, S. 433 ff.

Rosegger, Peter: Das Buch von den Kleinen. Leipzig 1911

Rothe Richard: Das Märlein vom Wunderscherlein. Wien o.J.

Rothe, Richard: Zoo aus Papier. Wien Leipzig 1931

Schanz, Pauline: Die Jagd. In: Herzblättchens Zeitvertreib. 32. Jg., Glogau 1887

Schöne alte Kinderbücher. Ausstellungskatalog. Hrsg. Buchhändler-Vereinigung, Frankfurt 1978

Das schöne Heim. Illustrierte Zeitschrift für angewandte Kunst. München 1929/30

Schmidt, Eva: Spielzeug und Spiele der Kinder im klassischen Altertum. Meiningen 1971

Schmidt, Ferdinand: Reineke Fuchs. Leipzig [um 1880]

Schubert, G.H. von u.a.: Beschäftigungen für die Jugend aller Stände. 4 Bde. Stuttgart 1834–38

Schwarz, Erica: Berchtesgadener Handwerkskunst. Freilassing 1977

Seidel, Ina: Meine Kindheit und Jugend. Stuttgart [1935]

Seidel, Heinrich: Von Perlin nach Berlin. Aus meinem Leben. Stuttgart 1900

»das Spielzeug«. Arbeitsgemeinschaft der Zeitschriften: Wegweiser und D.S.Z., Pössneck April/Mai 1943–1944

Das Spielzeug, Führer durch die Ausstellung (Nürnberg). Veröffentlichungen des Kunstarchivs No 15, [Berlin 1926]

Spielzeug des 19. und 20. Jahrhunderts, Begleitheft zur Sonderausstellung Otzberg-Lengfeld 1974

Spielzeug-Lade (bisher D.S.Z.), Bamberg Juli 1946 – 1948

Spielzeug aus Wald und Wiese. Arbeitsblätter der Reichsfrauenführung, Heft 2, Potsdam [1941]

Stäblein, Rita: Altes Holzspielzeug aus Gröden. Bozen 1980

Stille, Eva: Christbaumschmuck. Nürnberg 1985

Stille, Eva: Spielzeug – Beständigkeit und Wandel in einer sich ändernden Welt. In: Journal für Geschichte, 6 (1984) S. 60 ff.

Stille, Eva: Tiere zum Spielen. Ausstellungsbegleitheft. Dreieichenhain 1982

Stillich, O.: Die Spielwaren-Hausindustrie des Meininger Oberlandes, Jena 1899

Tadd, J. Liberty: Neue Wege zur künstlerischen Erziehung der Jugend. Leipzig 1900

Wegweiser für die Spielwaren-Industrie (Export-Anzeiger) Hildburghausen 1925

Wich, J.P.: Steckenpferd und Puppe. Nördlingen [1847]

Wiedemann, Inga: Herzblättchens Zeitvertreib. Alte Kinder- und Jugendbücher. Ausstellungskatalog des Museums für Deutsche Volkskunde, Berlin 1979

Wilckens Leonie: Spiel, Spiele, Kinderspiel. Ausstellungskatalog des Germanischen Nationalmuseums. Nürnberg 1985

Wilmsen's, F.P. Deutscher Kinderfreund für Schule und Haus. Philadelphia 1841

Wootton, Anthony: Animal Folklore, Myth and Legend. Poole, New York, Sydney 1986

Zillig, Maria: Mädchen und Tier. Heidelberg 1961

Musterbücher, Hersteller- und Händler-Kataloge

Georg Hieronimus Bestelmeier, Magazin von verschiedenen Kunst- und anderen nützlichen Sachen. Nürnberg 1803 (Nachdruck: Herausgegeben und kommentiert von Theo Gantner, Zürich 1979) (Besitz: Schweizerisches Museum f. Vk. Basel, VI 57049)

Gebrüder Bing, Nürnberg. Spezial-Preisliste über Filz-Spielwaren und Plüschtiere. Ausgabe 1912 (Besitz: Spielzeugmuseum der Stadt Nürnberg, Museum Lydia Bayer)

Bliss Toys and Dollhouses. Katalog von 1911 (Nachdruck: Herausgegeben, ergänzt und kommentiert von Blair Whitton, New York 1979)

H. Borho, Spielwarenhändler in Baden-Baden. Katalog über Spielwaren, um 1912/13

Deutsche Lehrmittel Anstalt, Inh. Franz Heinrich Klodt, Frankfurt/M. Illustrierter Katalog Nr.1 1892 und 1893 (Nachdruck o.O., o.J.)

Desgl. Ausgabe 1898

J. Distler KG., Nürnberg. (Nachdruck in: Carlernst Baecker, Dieter Haas: Die anderen Nürnberger Bd. 1. Frankfurt/M. 1973)

Engelswerk, C.W. Engels, Focke bei Solingen. Weihnachtspreisliste 1913

Erzgebirgische Holz- und Spielwaren, Heidelberg/Seiffen, um 1939

Mr. Gamage's Great Toy Bazar, 1902–1906 (Nachdruck: Herausgegeben und kommentiert von Charlotte Parry-Crooke, London/New York 1982)

Katalog über Haußers Verlags-Artikel, um 1930

Katalog über Haußers Elastolin-Fabrikate, um 1930

Hausser Elastolin Spielzeug. 1939–40 (Nachdruck: Herausgegeben und kommentiert von Reggie Polaine 1976)

Gottfried Hempel, Olbernhauer Verkaufslager für erzgeb. Erzeugnisse, Olbernhau; Katalog »Geschenke, die das Herz beglücken«, um 1935

desgl. Katalog »Allerlei aus Holz«, um 1935

Herz & Ehrlich, Breslau. Illustrirte Preisliste 1899, 1901, 1903

Holzspielsachen-Musterbuch um 1870 (Besitz: Stadtbibliothek Nürnberg, Nor. K. 133)

Franz Heinrich Klodt, siehe: Deutsche Lehrmittelanstalt

Georg Köhler, Spiel- und Metallwarenfabrik, Nürnberg; Anzeigen und Katalogteile zwischen 1939–1961 (Nachdruck: kommentiert von der Geschäftsleitung. Nürnberg o.J.)

Kohnstamm, Moses (Moko), Nürnberg. Händler-Katalog 1918–30 (Nachdruck in: Carlernst Baecker, Dieter Haas: Die anderen Nürnberger, Bd. 5, Frankfurt 1976)

Hermann Kurtz. Spezialgeschäft für Spielwaren. Stuttgart [1912] (Nachdruck: Stuttgart 1983)

H.E. Langer, Seiffen i. Erzgebirge; Sammel-Mappe für Musterblätter über Miniatur-Spielwaren (Nachdruck o.O. o.J.)

Ernst Paul Lehmann, Nürnberg. Katalog um 1925 (Nachdruck in: Carlernst Baecker u.a., Die anderen Nürnberger. Bd. 6, Frankfurt 1981)

Georg Levy, Nürnberg. (Gely) Katalog o.J. (Nachdruck in: C.Baecker, Dieter Haas: Die anderen Nürnberger, Bd. 3, Frankfurt 1974

Lineol A.-G. Spielwarenfabrik. Catalogue Special No 10 Brandenburg o. J.

Ludwig Lutz, Ellwangen. Auszüge aus Musterbüchern 1846–91 (Nachdruck in: C. Baecker u. C. Väterlein: Vergessenes Blechspielzeug. Frankfurt/M. 1982)

E.L. Meyer Auswahl. Abt. Galanterie- und Spielwaren. Illustrierte Preisliste 24. Hildesheim 1925

E.L. Meyer Auswahl GmbH. Hildesheim; Abt. Spielwaren, Liste 26 S, [1927]

E.L. Meyer Auswahl K.G., Hildesheim. Spielwarenkatalog 1970

E. Neumann & Co. Pracht-Catalog über Cotillon- und CarnevalArtikel. Dresden [um 1900] (Nachdruck: Hildesheim, New York 1975)

Anton C. Niessner, Spielwarengeschäft, Wien 1910 (Kopie o.O., o.J.)

Anton C. Niessner, Spielwarengeschäft, Wien. »Alle Kinder wünschen«, Katalog um 1930

Nürnberger Spielzeugkatalog, Mitte 19. Jh. (Besitz: Det Danske Kunst-Industriemuseum, Kopenhagen)

Grands Magasins du Printemps, Paris. Leksaker 1891–92 (Nachdruck: Stockholm 1980)

Rheinische Gummi- und Celluloid-Fabrik, Mannheim-Neckarau. Preis-Liste 1913. (Nachdruck unter dem Titel »Schildkröt-Puppen«, Düsseldorf 1981)

Rheinische Gummi- und Celluoid-Fabrik, Mannheim Neckarau: Familienbuch der Schildkrötpupen, um 1935

Schmincke & Haase, Großhandlung. Göttingen um 1930

Schoenhut »Illustrations of Schoenhut's marvelous Toy's Humpty Dumpty Circus, um 1930 (Besitz: Schweizer Kindermuseum, Baden)

G. Söhlke Nachf., Spiel-Waaren-Fabrik, Berlin. Illustrirter Katalog und Preis-Courant [1892]

Das Sonneberger Spielzeugmusterbuch, um 1831. SpielwarenMustercharte von Johann Simon Lindner in Sonneberg (Nachdruck: Herausgegeben und kommentiert von Manfred Bachmann. Leipzig und Würzburg 1979)

Georg Leonhard Staudt, Nürnberg. Hauptkataloge 1888–1912 (Nachdruck: In: Carlernst Baecker u.a., Die anderen Nürnberger, Bd. 7, Frankfurt 1988)

Margarete Steiff & Co. Inc. New-York, Giengen-Brenz. Price-List 1913. (Nachdruck: Washington o.J.)

Gottfried Striebel, Biberach a.d. Riß. Musterbuch um 1850 (Nachdruck in: C. Baecker und C. Väterlein: Vergessenes Blechspielzeug. Frankfurt/M. 1982)

August Stukenbrok, Einbeck. Illustrierter Hauptkatalog 1912 (Nachdruck: Hildesheim/New York 1973)

desgl. 1926 (Nachdruck: Hildesheim/New York 1974)

Gebr. Süssenguth, Puppenfabrik und Export, Neustadt bei Coburg [1924]

Toys, Dolls, Games, Hrsg. Charlotte Parry-Crooke. London/New York 1981 (Pariser Kaufhaus-Kataloge zwischen 1903 und 1914)

Ullmann & Engelmann, Fürth etc. Preis-Courant um 1900 (Nachdruck in: In Carlernst Baecker u.a.: Die anderen Nürnberger. Bd. 6, Frankfurt 1981)

Ullmann & Engelmann, Fürth etc. Preis-Courant um 1900 bzw. 1910 (Nachdruck in: In Carlernst Baecker u.a.: Die anderen Nürnberger. Bd. 7, Frankfurt 1988)

Der Universal-Spielwaren-Katalog 1924, 1926 (Nachdruck: Herausgegeben und kommentiert von Manfred Bachmann. Leipzig und München 1985)

Das Waldkirchner Spielzeugmusterbuch, um 1850 (Nachdruck: Herausgegeben und kommentiert von Manfred Bachmann. Leipzig und München 1977)

A. Wahnschaffe. Illustrierter Katalog für Private über Nürnberger Spielwaren ... Nürnberg 1895 (Nachdruck: Holzgerlingen 1985)

Montgomery Ward & Co. Catalogue No 57 (Mail order). 1895 (Nachdruck: New York 1969)

Warenhaus A. Wertheim, Berlin. Mode-Katalog 1903/1904 (Nachdruck, gekürzt: Hildesheim, New York, 1979)

Bildnachweis

Die abgebildeten Objekte stammen aus privaten ungenannten Sammlungen und wurden von Severin Stille, Frankfurt, fotografiert, soweit in den Bildunterschriften nichts anderes vermerkt ist.